LES
RICHESSES AFRICAINES

ET LES

MOYENS DE LES ACQUÉRIR

PAR

M. A. LANCHIER

Lieutenant au 105me Régiment territorial
Officier de l'Ordre du Nicham-Iftikhar.

PARIS

CHALLAMEL AINÉ, LIBRAIRE-ÉDITEUR

5, rue Jacob, 5

—

1886

LES
RICHESSES AFRICAINES

ET LES

MOYENS DE LES ACQUÉRIR

INTRODUCTION

En écrivant ces lignes, je n'ai nullement l'intention ni la prétention de faire un livre pour raconter mes impressions de voyage ; je n'inventerai point de ces scènes plus ou moins vraisemblables de la vie de pionnier sur la terre d'Afrique, et qui sont le seul mérite de certains voyageurs écrivains, à cause de la tournure élégante de leurs écrits, captant par ce moyen toute l'attention du lecteur. Je n'ai d'autre intention que celle de faire connaître les pays que j'ai visités sous le rapport des produits indigènes, d'indiquer les marchandises manufacturées propres à faire les échanges et prouver, au moyen de chiffres soigneusement contrôlés, les profits que le commerce français pourrait tirer si nos compatriotes voulaient, enfin, se décider d'une manière pratique à créer des comptoir sur ce continent mystérieux à tous égards. Et si parfois je m'égare dans quelque récit d'anecdotes ou de description de mœurs, c'est que cela me paraît utile au point de vue local ; mais, avant tout, je tiens à rester dans le domaine de la plus stricte vérité, certain de rendre quelques services aux explorateurs et négociants futurs qui iront dans ces parages faire connaître nos couleurs nationales, synonyme de Progrès et de Liberté. Je veux enfin faire tous mes efforts pour que ces notes soient, en quelque sorte, le *Vade-Mecum* du voyageur sur la côte occidentale d'Afrique.

On se figure généralement en Europe que, quelles qu'elles soient, les marchandises manufacturées sont achetées sans examen par les indigènes de la terre africaine, et qu'avec fort peu de chose on gagne beaucoup. C'est là une erreur que je suis heureux de pouvoir signaler.

S'il est vrai que l'on peut faire de lucratives affaires avec les naturels du West-Africa — selon l'expression anglaise —, il est bon de connaître quelles sont les marchandises qui ont cours sur tel ou tel point de la côte.

Ici, les noirs ont un faible pour les perles de couleurs éclatantes ; là, ils préfèrent les noires ou variées ; plus loin, les perles n'ont aucune valeur, mais en revanche les anneaux de cuivre n'ont pas de prix ; partout, le tabac en feuille et les liqueurs fortes trouvent des amateurs passionnés.

On a souvent dit que la civilisation était introduite en Afrique sous la forme de liquides abrutissants. Je trouve cette opinion absolument fondée ; pour ma part, je crois qu'il serait plus exact de qualifier les spiritueux de traite de *liquides corrosifs* ; car, qu'est-ce que le gin et le rhum que l'on exporte dans cette contrée ? Tout simplement un liquide cent fois plus mortel que l'absinthe. Et cependant, c'est avec ce produit de la civilisation que l'on passe tous les marchés, que l'on achète les produits, que l'on signe les traités, qui sert, enfin, à fléchir le noir le plus retors en affaires. Pourrait-on, du reste, faire autrement avec un peuple qui se laisse guider par sa passion dominante, l'ivrognerie ?

Pour convaincre le noir dans son entêtement, nulle parole, nulle morale ne vaut un litre de tafia. C'est la monnaie par excellence, c'est la récompense des services rendus, c'est le liquide qui préside à tous les palabres (1) et qui sert de verre d'eau sucrée aux orateurs des réunions solennelles.

Le noir, en général, est méfiant, exigeant dans ses prétentions et ivrogne ; sa sobriété n'a de durée que le temps nécessaire pour conclure un marché ; il fait souvent traîner les affaires en longueur, s'il peut disposer d'une certaine quantité de tafia ; pour en hâter la conclusion, il faut donc le priver de sa boisson favorite momentanément, et lui en promettre dans le plus bref délai pour le décider ; la perspective d'un nombre respectable de rasades est un spécifique excellent pour venir à bout de tout négociateur de couleur.

Quand une mission est établie dans un pays de noirs, ceux-ci se font volontiers catéchiser à seule fin d'obtenir les petits cadeaux des missionnaires ; mais ce n'est nullement par dévotion, ni par crainte de la damnation éternelle. Une place en Paradis est pour le noir converti le moindre de ses soucis ; après avoir assisté aux offices et entendu un sermon, on les voit souvent se réunir pour commenter ce qu'on vient de leur dire, et se livrer ensuite aux grotesques cérémonies du fétichisme, avec une croyance et une superstition au-dessus de toute imagination. Ces réunions ont lieu généralement chez le médecin-sorcier du village, lequel est le plus souvent le premier conseiller du roi.

Me trouvant un jour chez des missionnaires français établis à Agouwey, sur la côte des Popos, j'ai vu un noir venir réclamer aux missionnaires le salaire d'un mois pour son jeune fils qui fréquentait l'école depuis ce laps de temps. Le R. P. Ménager, directeur de la mission, ne pouvait pas lui faire comprendre qu'on élevait son enfant pour faire de lui un homme sachant lire et écrire et connaissant un métier ; le père de l'enfant s'obstinait à prétendre que, du moment que l'on faisait travailler son fils, on devait l'indemniser de sa peine. On n'est pas plus pratique !

N'a-t-on pas vu maintes fois, dans notre colonie de la Guyane, des noirs roucouyennes se faire baptiser jusqu'à six fois dans le courant d'une même année, à seule fin de gagner la bouteille d'eau-de-vie qui est la prime ordinaire allouée par les missionnaires aux noirs qui se convertissent ?

Tout cela démontre surabondamment le peu de cas que les noirs font de l'enseignement religieux ; le cabaret, s'il s'en trouvait chez eux, aurait cent fois plus d'attrait, surtout si on y livrait les boissons gratuitement.

Non seulement les noirs ont le défaut capital d'être ivrognes, mais ils ont aussi celui d'être paresseux ; leur pays regorge de riches produits dont ils n'ont que la peine de les cueillir ; ils savent qu'en échange de ces produits ils peuvent se procurer de l'eau-de-vie, leur boisson favorite ; mais pour eux c'est encore trop pénible de récolter ; se vautrer à l'ombre et fumer leur pipe vaut infiniment mieux pour eux ; aussi on ne voit guère que les femmes s'occuper des travaux des champs, faire la cueillette des

(1) Réunion de notables du pays pour discuter les intérêts ou pour juger un coupable, ou bien encore pour régler un différend ou passer un traité avec les Européens.

amandes de palmier qui produisent l'huile, et faire, en un mot, toutes sortes de travaux en général, sauf quelques esclaves qui, y étant obligés, font, bon gré, mal gré, les travaux que les hommes libres méprisent. Cependant, si l'occasion de voler se présente, peu de noirs résistent à la tentation, quitte à recevoir une volée de coups de nerf de bœuf s'ils se laissent prendre, ce qui ne les empêche pas de recommencer une autre fois.

Voilà le noir tel qu'il est chez lui, et partout en Afrique dans les villes policées et chez ceux qui ont reçu quelque instruction. Tout d'abord, ces derniers paraissent assez bien élevés, ils tranchent du gentleman ; mais grattez le noir et vous trouverez le sauvage.

CHAPITRE I. — **Moyens de transport.** — **Défectuosité des services établis.** **Besoins d'un service de vapeurs français.** — **La poste anglaise.**

Jusqu'à présent, aucun service régulier de vapeur français n'a été organisé pour le transport des voyageurs et des marchandises à destination ou en provenance de la côte occidentale d'Afrique. Seule, la maison Vermink, ou plutôt la *Cie du Sénégal et de la côte occidentale d'Afrique*, qui lui a succédé, possède un certain nombre de vapeurs qui font ces voyages ; mais ces vapeurs sont, sauf quelques rares exceptions, exclusivement réservés au service du personnel et des marchandises de cette compagnie, et ils ne dépassent pas Sierra-Leone, où est le siège de l'agent général. Une fois ou deux par an, un de ces vapeurs est détaché pour aller jusqu'au Niger. Mais on ne peut pas qualifier cela de service.

Pour se rendre au delà de Sierra-Leone, les voyageurs européens prennent ordinairement les steamers de l'une des deux compagnies anglaises, le plus souvent ceux de la « *British and African Steam navigation* C_y », de Glasgow, et vont s'embarquer à Liverpool.

Les Allemands ont un service de Hambourg au Gabon et à l'Ogôwé, avec escale à Monrovia, à Sierra-Leone, aux principaux ports du golfe de Guinée et au Cameroon. Ce service, organisé par la Maison C. Wœrmann, de Hambourg, est trimestriel ; mais on est très mal sur ces vapeurs sous le rapport de la nourriture, à tel point que les Allemands même préfèrent les steamers anglais, sur lesquels on n'est guère mieux.

Il est question depuis quelque temps d'un service régulier de Marseille au Congo, avec escale au Sénégal, Sierra-Leone, Acra, Porto-Novo, Wydah, Lagos, Niger et Gabon ; nous faisons les vœux les plus sincères pour que l'entente entre la maison Vermink et Régis aîné se fasse à ce sujet. Les Français pourront enfin voyager sur des navires français, nourris avec de la cuisine française, et converser dans leur langue nationale ; tandis qu'ils se trouvent toujours isolés sur les steamers anglais, où ils sont forcément soumis, pour un temps toujours trop long, à l'affreux régime de la cuisine anglaise.

Le trajet de Liverpool aux différents points de la côte se fait généralement d'une manière irrégulière ; tout est calculé approximativement et les steamers mettent souvent 35 ou 38 jours pour faire ce qui devrait être fait en 28 ou 30.

En ce qui concerne les marchandises, le prix de transport varie de 35 à 60 francs la tonne, la moyenne est de 45 à 50 francs de Liverpool au Niger, et vice versâ. Si l'on ajoute les frais de transport par chemin de fer de Liverpool en France, on voit que les frais peuvent atteindre un chiffre fort respectable.

Avec un service de vapeurs français, on trouvera économie d'argent et de temps, et si cela se fait, les Anglais auront à compter avec leurs concurrents. Non seulement nos nationaux de la côte occidentale d'Afrique ne prendront plus passage sur les navires anglais, mais encore les produits africains n'iront plus alimenter les marchés anglais au détriment du commerce français ; les industriels y gagneront doublement, au point de vue des prix et de l'approvisionnement.

Indépendamment de ces avantages, les dépêches françaises à destination de nos possessions de la côte de Guinée, du Gabon et du Congo arriveront plus vite à destination, et le service postal sera certainement mieux fait.

Je ne connais rien de défectueux comme le service de la poste anglaise en Afrique ; le tiers des lettres n'arrive pas à destination. Pourquoi ? Je laisse à d'autres le soin de résoudre ce problème.

Il m'est arrivé plusieurs fois d'écrire deux lettres à l'adresse de la même personne et de les faire partir par le même courrier ; l'une de ces lettres arrivait à son adresse et l'autre était égarée. Si étrange que cela soit, il n'y a rien de bien surprenant pour celui qui a vu fonctionner la poste anglaise dans les colonies, et c'est dans la manière dont ce service est fait qu'il faut chercher le mal.

Ce sont généralement les soldats indigènes qui sont chargés de faire l'office de courrier, et j'ai toujours supposé qu'un défaut de contrôle permettait, à ces agents des postes improvisés, de se débarrasser d'une partie de leur chargement, quand ils le trouvaient trop lourd pour leurs épaules.

CHAPITRE II. — **Défaut d'encouragement en France pour la colonisation. — Les Anglais sont partout. — Pourquoi la langue anglaise est la langue la plus répandue.**

Bien que notre amour-propre ait à en souffrir, nous sommes obligés de convenir que nous sommes en retard de plus d'un demi-siècle sur nos voisins d'outre-Manche en matière de colonisation.

On dit à tout propos que les Français ne sont pas colonisateurs. C'est là une grave erreur. Ceux qui, en France, ne sont pas colonisateurs, ce sont les capitalistes, les chambres syndicales, les chambres de commerce, qui ne font rien pour encourager et faciliter le commerce et l'agriculture dans les colonies. Les sociétés de géographie elles-mêmes ne font rien dans ce but, sous le ridicule prétexte qu'elles se sont interdit de favoriser les entreprises privées.

Qu'il s'agisse de discuter l'orthographe d'un nom plus ou moins barbare, de suivre de loin les succès ou les déboires d'un explorateur et d'applaudir celui-ci quand, à son retour, il racontera son voyage plein de péripéties, oh ! alors, toute l'assemblée se passionnera. Mais qu'on lui dise : « J'ai visité tel pays, j'ai soigneusement étudié la question commerciale qui lui est propre, j'ai fait un projet que je vous soumets, veuillez le publier et me mettre en rapport avec une compagnie ou une maison importante, je suis sûr de réussir, et la maison ou la société qui me commanditera retirera de beaux bénéfices de mon entreprise. » Elle vous répondra assurément que les statuts de la société s'y opposent. Mais alors pourquoi les sociétés de géographie, dites commerciales, ne veulent-elles point faciliter le commerce ?

Est-ce que ces choses-là se passent ainsi en Angleterre ? Non ! Là on trouve des sociétés, des chambres syndicales qui examinent les projets qui leur sont soumis, et si ces projets sont réalisables ou s'ils ont seulement quelque chance d'aboutir, les capitaux affluent de toutes parts.

Combien de Français repoussés par leurs compatriotes, découragés par des démarches incessantes sans résultat, ont trouvé en Angleterre les moyens d'arriver à leur but ! Il en est de la colonisation comme des inventions : l'Angleterre, plus pratique, accueille chez elle ceux de nos compatriotes qui ne trouvent aucun écho chez nous.

Pour ma part je connais bon nombre de Français qui font du commerce avec des capitaux anglais dans nos propres colonies. Les exemples donnés par les maisons anglaises ne suffisent apparemment pas aux capitalistes français pour les encourager à placer leurs fonds dans ces spéculations. Que voulez-vous, placer son argent si loin !... S'il s'agissait de souscrire à l'émission de quelque société formée en France pour l'exploitation de mines de bâtons de réglisse, ce serait différent. Ces choses-là se voient tous les jours et les gogos ne font jamais défaut.

En attendant nos industriels vont s'approvisionner de matières premières sur les marchés de Liverpool ou de Hambourg, et paient les marchandises 25 ou 30 0/0 de plus qu'ils ne les paieraient s'ils les tiraient directement du lieu de production.

En Afrique, comme ailleurs, les Anglais nous ont partout devancés ; ce sont eux qui, assurément, occupent les meilleures places ; ils n'ont pas comme nous des colonies sans colons ; au contraire, on les retrouve dans nos propres colonies, dans les colonies néerlandaises, portugaises, espagnoles, dans les pays libres, on les trouve enfin dans le monde entier. Peut-on dès lors s'étonner de l'immense extension de la langue anglaise ?

Les Anglais ont encore un avantage que nous n'aurons jamais en France : c'est l'aide de leurs missionnaires. Ceux-ci vont partout, et bien avant l'arrivée d'un négociant, ils ont enseigné leur langue aux indigènes ; ils ont su créer à ces derniers des besoins nouveaux, de sorte que, dès son arrivée, le négociant est sûr de faire de lucratives affaires, car il a été mis au courant des objets d'échange qu'il lui faut emporter dans le pays où il doit établir son comptoir. C'est ainsi que j'ai trouvé à plus de dix jours de marche au nord des montagnes de Cameroon, un missionnaire anglais et sa femme installés dans le pays depuis 18 mois. Où je croyais que nul Européen n'avait encore pénétré, j'y ai trouvé des Anglais.

Dans les environs des monts Cameroon, les missionnaires anglais ne sont pas rares, même dans les endroits où il n'y a pas d'Européen ; ainsi, dans la baie d'Amboise il y a depuis plusieurs années deux missionnaires et leurs femmes ; ces dernières font l'école aux jeunes filles indigènes.

On trouve des Anglais partout, et partout on parle anglais, cela se conçoit. C'est la première remarque que font les voyageurs encore novices ; mais ce qui me paraît plus difficile à expliquer, c'est de voir des missionnaires français enseigner en anglais dans leurs écoles. C'est ce qui a lieu dans le golfe de Guinée partout où il y a des missions françaises.

CHAPITRE III. — **Colonie anglaise de Sierra-Leone. — Ce qu'elle était autrefois. Ce qu'elle est aujourd'hui. — Ses produits.**

Tout le monde sait que l'Afrique fournit en grande quantité de l'ivoire, des arachides, du sésame, du caoutchouc, des bois d'ébénisterie et de teinture, des huiles, etc., etc.; mais peu de personnes se préoccupent de savoir de quelle partie de l'Afrique ces produits sont tirés et comment on se les procure. Les voyageurs africains qui ont publié leurs voyages, ont tous, ou presque tous, négligé l'importante question des productions des pays qu'ils ont visités, et aucun, jusqu'à présent, n'a songé à faire connaître les moyens usités pour faire les échanges. Le but de cette étude est de combler cette lacune. Cette question a, selon moi, une très grande portée au point de vue des intérêts particuliers.

Combien de personnes ayant l'intention de courir les aventures en Afrique, sont embarrassées pour savoir ce qu'il faut se procurer avant de partir, quelles marchandises il faut acheter en Europe pour se procurer dans le pays que l'on se propose de visiter, des vivres frais et pour payer les services des noirs que l'on doit forcément employer ! Avec les renseignements que je vais donner, on évitera bien de courses, bien des démarches auprès des personnes à même de donner les indications utiles ; on pourra, en quelques instants, dresser la liste des objets indispensables, sans se priver toutefois des conseils des personnes compétentes.

Je ne dirai rien sur notre colonie du Sénégal ; ce pays est aujourd'hui trop connu de nos compatriotes, pour que nous nous permettions de répéter ce qui a été écrit déjà et publié par toute la presse. Sous peu, cette partie de la côte d'Afrique ne formera qu'une colonie avec l'Algérie, quand on l'aura reliée par le chemin de fer trans-saharien ; déjà nous avons un fil télégraphique qui fonctionnera bientôt, de sorte que l'on pourra avoir des nouvelles du Sénégal comme de l'Algérie.

Disons, d'abord, quelques mots de la colonie de Sierra-Leone, dont la ville principale est Free-Town, ce qui signifie « ville libre. » Ce nom a été donné à la ville dès les premiers jours où il a été question d'abolir l'esclavage. Les promoteurs de cette œuvre philanthropique attiraient dans cette localité, qui jouissait à cette époque de privilèges spéciaux, les esclaves de la région. Une fois dans la ville, ces esclaves devenaient libres et étaient protégés par des lois spéciales, dont quelques-unes existent encore.

Quand à la colonie elle-même, elle s'étend des frontières de la République de Libéria à la Sénégambie, sur une longueur de 1.688 kilomètres.

De nombreux missionnaires enseignaient à Sierra-Leone ; aussi la ville de Free-Town devint-elle rapidement florissante. Les champs des alentours étaient bien cultivés, un grand nombre de maisons furent construites en maçonnerie, les quais du port furent l'objet de soins tout particuliers, et plusieurs villas élégantes égayaient le paysage pittoresque des environs ; de sorte que, sans la population couleur de suie qui l'habitait, Free-Town aurait pu être prise pour une ville d'Europe.

Plusieurs riches négociants ou hauts fonctionnaires possédaient des équipages, et le soir, de cinq à six heures, la principale promenade de la ville était le rendez-vous de la bonne société.

Il y a loin de cette époque, avec ce qui se passe de nos jours ; les équipages d'autrefois ont disparu un à un, et celui qui ne veut pas faire sa promenade à pied se fait carrosser dans de petites voitures semblables à celles qui servent aux paralytiques ; elles sont conduites par quatre noirs dépenaillés, dont deux poussent par derrière, et les deux autres tirent par devant. J'ai vu un jour un tricycle système Salvo faire le même office.

La promenade principale n'est fréquentée, aujourd'hui, que par quelques marchands ambulants, et les quais du port tombent en ruine ; on se contente de les réparer par-ci, par-là, afin de les entretenir dans un état propre à rendre encore quelques services, mais on ne songe nullement à faire la moindre amélioration.

La plupart des maisons principales ont quitté le pays depuis longtemps, le commerce devenant de plus en plus languissant ; celles qui y sont encore, ont seulement des entrepôts pour les marchandises destinées à alimenter leurs factoreries échelonnées sur les bords de la rivière Rokelle et ses affluents, et dont quelques-unes sont fort avancées dans l'intérieur du pays des Mandingues.

Dans la ville même, on ne voit que des magasins mal approvisionnés tenus par des noirs qui se donnent pompeusement la qualité de *négociants*.

Les noirs étant excessivement vaniteux, dès qu'ils possèdent quelques livres sterling, ils ne se livrent plus aux travaux manuels ; leur ambition dominante est de paraître être quelque chose ; or, une boutique dans laquelle il y aura quelques centaines de francs de marchandises, est le moyen le plus usité par eux pour faire parade, sauf à être tué par la concurrence en peu de temps.

Dans les pays anglais à demi civilisés comme Sierra-Leone, l'Européen est très gêné en toutes choses. Il doit surtout éviter le contact de gens de couleur dont l'orgueil n'a pas de bornes. Ceux-ci se sentent protégés par des lois spéciales, tout à leur avantage, et ils en abusent, de sorte qu'un Européen a toujours beaucoup de peine pour obtenir justice contre eux. En revanche, ils sont facilement condamnés sur la plainte d'un moricaud qui se prétend lésé.

Ils ont pris au pied de la lettre les sermons des missionnaires ; quand on leur a dit qu'ils étaient des hommes égaux aux blancs, ils ont dit ceci :

« Puisque nous sommes les égaux des blancs, pourquoi travaillerions-nous plus qu'eux et pourquoi leur servirions-nous de domestiques ? » Ils ne tenaient pas compte, les malheureux, de la différence d'éducation, de savoir et de fortune ; ils étaient les égaux des blancs, cela suffisait à leur amour-propre, quitte à mourir de faim pour faire parade d'hommes libres.

Dès lors, tout devait souffrir de ce nouvel état de choses : le commerce est tombé et l'agriculture a subi le même sort.

Free-Town est devenu une ville de petits marchands sans acheteurs ; l'argent est rare, faute d'industrie locale, et à cause de la paresse coupable de sa population.

C'est à peine si on voit de loin en loin un noir Sierra-Leonais cultiver un carré d'igname ou de manioc ; quant aux hommes de peine employés par les négociants européens, ce sont généralement des noirs de la côte de Krou ; mais tout ce qui est un peu lettré, est employé dans l'administration ou s'engage dans les factoreries du golfe de Guinée en qualité de *clare*, c'est-à-dire pointeur des marchandises que les factoreries reçoivent ou expédient par bateaux ; quelques-uns sont charpentiers, tonneliers ou forgerons, mais tous sont des mauvais ouvriers et très exigeants sur le salaire. Cependant, comme on a besoin d'eux, on est obligé de subir leurs exigences.

Autrefois, les noirs de Sierra-Leone siégeaient comme jurés à la cour d'assises, en concurrence avec les blancs ; mais on leur a supprimé cet honneur depuis quelque temps, parce qu'on a vu qu'ils ne remplissaient pas leur mandat impartialement, comme il convient à un homme probe et libre, selon l'expression de la loi, quand il s'agissait de juger un Européen. Il a fallu, pour apporter cette modification à la juridiction de la colonie, un incident qui aurait pu avoir des suites d'une excessive gravité. Il s'agissait de juger un noir qui avait assassiné un blanc pour le voler ; il avait été pris sur le fait, et les aveux qu'il fit ne laissaient aucun doute sur sa culpabilité. Eh bien ! malgré toutes ces charges, il ne fut condamné qu'à la majorité d'une voix. Une seule voix de déplacée et l'assassin aurait été acquitté !

Les magistrats eux-mêmes s'émurent de cette façon de comprendre la justice, et on modifia le code d'intruction criminelle du pays pour ne pas encourager l'assassinat des blancs par des noirs.

Les produits qui dominent dans les bassins des rivières de la colonie de Sierra-Leone sont les arachides, le sésame, l'huile et les amandes de palme, que les traitants tirent des pays Mandingues, Wakori, Benna et Kuranko.

On commence à cultiver le ricin, sur lequel on fonde quelque espérance.

CHAPITRE IV. — **La République de Liberia. — Sa situation actuelle. —
Son avenir. — Ses produits.**

Les dernières limites de la colonie de Sierra-Leone sont l'extrémité S.-E. de l'île
Cherbro ; en suivant la côte dans cette direction, on arrive sur la côte de la République
de Liberia, colonie fondée en 1821 par la Société de colonisation américaine pour y
emmener les esclaves affranchis. La capitale de cette République d'opéra-comique est
Monrovia, ville de 5 à 6.000 habitants, sur la rive gauche de la rivière Saint-Paul, au
pied du cap Mesurado.

La contrée est une des plus riches de la côte occidentale d'Afrique, et elle deviendrait rapidement florissante, si l'administration de l'Etat était placée entre des mains
européennes ; mais tout est administré par des noirs, anciens esclaves libérés, ayant
quelques notions de notre civilisation, mais incapables de réaliser le moindre progrès.
Ils sont, toutefois, remplis de bonnes intentions ; mais les moyens leur manquent, et
comme la constitution du pays s'oppose formellement à ce qu'aucun européen puisse
acquérir du terrain et exercer la moindre fonction sur toute l'étendue du territoire
libérien, nul doute que cet état de choses ne se prolonge indéfiniment, si la constitution n'est pas revisée à ce sujet.

Il n'est, cependant, pas interdit aux blancs de s'établir sur le territoire de la République pour faire du commerce ; ils peuvent aussi se livrer à l'exploitation du sol,
mais en qualité de fermiers seulement ; le gouvernement ne fait aucune difficulté pour
passer un bail emphythéotique. Cette condition éloigne l'Européen et l'éloignera toujours, car quel est celui qui après s'être donné beaucoup de mal pour défricher un
terrain veut courir le risque de perdre le fruit de son labeur ?

Le but des fondateurs de la République de Liberia a été de laisser les noirs maîtres
chez eux, de les laisser progresser en liberté sans l'immixtion des blancs.

Cet acte de philanthropie est assurément très louable, mais le résultat obtenu n'est
pas à la hauteur de l'intention. Les noirs libériens sont à peu près ce qu'ils étaient il
y a 40 ans, c'est-à-dire ignorants, orgueilleux, paresseux et passablement ivrognes.

Leur gouvernement s'est endetté de quatre-vingt mille francs envers l'Angleterre, et
cette somme, insignifiante pour le plus petit Etat de l'Europe, est pour les Libériens
une charge excessivement lourde ; c'est à peine s'ils peuvent en servir les intérêts.

En fait de numéraire, il n'y a dans toute la République que de la monnaie de billon
et du papier-monnaie qui a la même valeur, à peu près, qu'avaient en France les assi-
gnats vers la fin de 1795, un peu avant leur annulation du 30 pluviose an IV (19 février 1796.)

Toutes les fonctions sont gratuites dans le gouvernement libérien, et pour cause.....
Le cumul des fonctions n'est pas interdit. C'est ainsi que le garde des sceaux, ministre
de la justice, est en même temps procureur général, avocat, épicier et cordonnier.

Le général en chef de la milice libérienne est batelier, et il n'y a pas son pareil dans
le pays pour conduire une pirogue. A mon avis il vaudrait mieux le nommer ministre
de la marine. Il est vrai que l'Etat n'ayant aucun vaisseau, cet officier général n'aurait
aucune occasion pour passer ses équipages en revue.

Quant à la milice elle-même, jamais soldats de comédie n'ont pu atteindre le grotes-
que qui fait toute sa renommée. Ce serait, en effet, par trop scabreux de voir manœuvrer sur la scène d'un théâtre des soldats et des officiers sans pantalon, et nous dou-
tons fort que la police municipale tolèrerait ces sortes d'exhibitions.

En Liberia, un soldat sans pantalon est la chose du monde la plus naturelle ; il est de bon ton de voir les officiers sans culotte, vêtus, les uns d'une chemise flottante à tous les vents, les autres tout simplement d'un habit, tous nu-pieds, mais coiffés de quelque chose : l'un aura un chapeau haut de forme ayant de vagues ressemblances avec un accordéon, l'autre un casque de pompier, ou un bonnet de police, ou bien encore un tricorne à la Louis XV ; l'uniforme n'étant pas de rigueur, chacun met ce qu'il veut ou plutôt ce qu'il peut. Quant à la régularité des manœuvres, il ne faut pas se montrer exigeant. Il n'est pas à ma connaissance que les puissances d'Europe aient envoyé des officiers pour assister aux grandes manœuvres annuelles. Jusqu'à présent tout s'est passé en famille.

Lorsque nos marchandises d'Europe arrivent chez les négociants libériens, ceux-ci les paient en produits du pays, car on ne saurait accepter leur papier-monnaie qui n'a aucun crédit en dehors du territoire.

Les seuls Européens établis à Monrovia sont le gérant de la factorerie de la maison Woermann, de Hambourg, et le directeur des plantations de la maison Verdier, de La Rochelle ; encore ce dernier ne réside pas en permanence à Monrovia, car il a aussi sous sa direction d'autres plantations de café et de cacao situées à Grand-Bassam et à Assinie.

La nature a voulu faire des folies de prodigalité envers cette admirable contrée, tout y vient admirablement et presque sans culture.

Les bois de teinture et d'ébénisterie, l'huile et les amandes de palme, les fruits de toutes sortes, le café et le cacao viennent pour ainsi dire naturellement ; le café et le cacao surtout sont de qualité supérieure, et si on se livrait à leur culture sur une grande échelle, ces produits donneraient de beaux bénéfices.

Les quelques indigènes qui s'occupent de culture ne font juste que ce qu'il leur faut pour vivre et pour se procurer les objets de première nécessité ; ceux-là sont les riches du pays, ce qui prouve une fois de plus que le bien-être ne vient que de la culture.

Malheureusement, la nature trop prodigue leur donne sans peine ce que l'on ne peut obtenir ailleurs qu'avec un labeur continuel, et c'est là la source du mal qui les domine ; s'il fallait travailler davantage pour vivre, les noirs seraient plus industrieux et feraient plus de progrès ; mais à quoi bon tant travailler, ils en ont toujours assez !

En résumé, ce sont de grands enfants qui veulent tout singer, mais ne faisant rien de sérieux. Ce sont des fillettes jouant à la petite maman.

Comme architecture, Monrovia ne possède aucune construction remarquable ; quelques maisons d'apparence modeste sont construites en maçonnerie, mais la grande majorité est construite en torchis ou bien ce sont de simples cases. La rue principale est parallèle à la mer et a un demi-kilomètre de long ; elle n'a ni pavé ni trottoir. Un règlement de police sévère interdit de plus de jeter le moindre objet sur la voie publique ; tous les immondices de la ville doivent être déposés sur la plage ; une partie des détritus sert de pâture aux nombreux urubus qui font l'office de balayeurs de rues ; le reste est enlevé par la mer dans ses mouvements de flux et reflux.

Contrairement aux villes des États-Unis d'Amérique, bien que Monrovia ait été fondée par des Américains, le nivellement et l'alignement des rues font absolument défaut ; par contre chaque maison est entourée de verdure et l'ensemble de la localité est empreint de beaucoup de gaîté.

La rivière Saint-Paul, qui coule près de la ville, contribue pour une large part à égayer le paysage. On peut remonter cette rivière en canot jusqu'à la distance de 15 ou 18 lieues de son embouchure ; c'est, du reste, le seul moyen de locomotion pour pénétrer dans l'intérieur.

Les bords de la rivière Saint-Paul, comme ceux de toutes les rivières d'Afrique, ne sont pas accessibles partout ; souvent des marécages et des herbes aquatiques défendent l'accès de ses bords, mais partout, sur toute sa longueur, des arbres géants lui font une bordure du plus bel effet. De chaque côté l'immensité de la forêt vierge ; ça et là, quelques clairières sont autant de coins délicieux. On rencontre de temps en temps une case de noirs entourée de quelque champ de maïs, d'igname ou de manioc, principale nourriture de tous les peuples africains ; des poules picorent autour de la case tandis que des canards et des oies font le plongeon dans le ruisseau voisin. Nous en visitons une.

A notre arrivée sur la berge nous sommes salués par les aboiements furieux de deux chiens d'une race particulière à l'Afrique occidentale. C'est la première fois sans doute que ces chiens voient des blancs, aussi s'enfuient-ils en grognant sourdement vers leur maître qui s'avance vers nous d'un air tout joyeux ; on lit sur sa large face de nègre la satisfaction d'être visité par des Européens, sa gaîté est franche et il montre en riant deux rangées de dents éclatantes de blancheur.

Près la porte d'entrée de la case, trois ou quatre négrillons, vêtus d'un simple rayon de soleil, jouent sur le gazon qui pousse là vert et dru.

En nous voyant près d'eux sans qu'ils s'en soient aperçus, ils se figurent que nous sommes tombés des nues, ils nous regardent d'un air effaré et leurs gros yeux en boules de loto se portent des uns aux autres avec une vélocité extrême.

A ce moment un vieux noir à la chevelure blanche et crépue sort de la case pour s'informer de ce qui arrive ; il est vite mis au courant de la situation, et quand il apprend qu'il y a un Français parmi ses visiteurs, sa joie n'a plus de bornes. Je suis immédiatement accaparé par lui, je suis sien. Il me raconte séance tenante qu'il a été esclave d'un Anglais de la Martinique et qu'il a été ensuite vendu à un planteur français de la Guadeloupe ; il débite tout cela avec une excessive volubilité et dans un langage où se mêlent le portugais, l'anglais et le français des noirs des Antilles, appelé vulgairement le français bamboula.

Après lui avoir fait répéter son histoire, je finis par la comprendre tout à fait, et il en est tellement heureux qu'il gambade comme un enfant. C'est qu'il y a 45 ans qu'il n'avait pas vu de Français ; il a été affranchi en 1837.

Nous entrons dans la case où une belle négresse de 20 à 25 ans nous apporte des rafraîchissements en fruits et en vin de palmier ; le vieux m'accapare de nouveau ; il me dit que son maître s'appelait M. de Peysinois, qu'il était bon pour ses esclaves et qu'il n'avait voulu quitter sa maison qu'après sa mort.

Peu après une vieille négresse toute ridée, les cheveux couleur poivre et sel, arrive avec une calebasse pleine de lait de chèvre ; un des négrillons rentre avec une énorme pastèque qui est sur-le-champ découpée en tranches ; sa chair, d'un vermillon superbe, nous fait venir l'eau à la bouche, c'est succulent.

Toute la famille du vieux noir est au complet : la vieille c'est la femme qu'il a épousée dès son arrivée en Liberia, les autres membres de la famille sont son fils, sa bru et leurs enfants. Ces derniers, enhardis par l'accueil que nous font leurs parents, s'approchent de nous peu à peu, ils nous touchent les vêtements et nos chaussures ; l'un d'eux hasarde timidement un doigt pour s'assurer que la couleur de mes mains n'est pas du badigeonnage ; mon Lefaucheux est l'objet de toute leur attention ; c'est qu'ils n'ont jamais vu d'autres armes à feu que les vieilles rouillardes à pierre de traite.

Comme nous faisons mine de vouloir prendre congé, le vieux, qui fait tous les frais de la conversation, ne veut pas nous laisser partir sans nous faire admirer ses plantations ; il est fier à juste titre de nous montrer ses richesses ; il a appris à travailler chez les Européens et il est tout heureux de nous prouver sa supériorité sur ceux de ses compatriotes qui n'ont jamais été en contact avec les blancs.

Nous reconnaissons volontiers que tout est propre et tenu avec soin, et que le fils a profité des leçons de son père, ce dont nous les félicitons l'un et l'autre.

Nous prenons enfin congé de ces braves gens, non sans avoir offert aux hommes une bouteille de tafia et aux femmes une masse de perles bleues. Les bambins couleur de cirage auxquels nous n'avons rien à donner, lorgnent du coin de l'œil le précieux flacon, impatients de goûter à son contenu.

Nous sautons dans notre canot pour continuer notre excursion, nos hôtes nous accompagnent de leurs saluts jusqu'à ce qu'ils nous aient perdu de vue au détour d'une langue de terre qui avance dans le lit de la rivière. Pendant plus d'une heure, notre conversation roula sur le vieux noir et sa famille ; l'esclavage, du moins, lui a servi à quelque chose, il a pu apprécier les bienfaits de la civilisation et il a mis à profit ce qu'il a appris. Sa maison, son jardin, ses plantations sont ses œuvres ; c'est le fruit de son labeur, il vit là tranquille au milieu des siens, ses besoins sont modestes, mais il n'est pas ambitieux.

Heureux noir ! Si tous ses congénères l'imitaient, l'Afrique serait civilisée dans vingt ans, et tout le continent serait un Eden.

CHAPITRE V. — **La côte de Krou. — Ce qu'étaient les Kroumens il y a vingt-cinq ans. — Ce qu'ils sont aujourd'hui. — Leurs services.**

Au delà du territoire de la République de Liberia, dans la direction du Sud-Est, on trouve immédiatement la côte de Krou, qui s'étend sur une longueur d'environ cent vingt kilomètres, jusqu'au cap Palmas. Ce sont les noirs de cette partie de l'Afrique occidentale qui jouent le plus grand rôle dans le commerce des échanges ; sans eux les affaires commerciales seraient impossibles, car les négociants manqueraient absolument de bras. Ce sont eux qui servent de domestiques aux Européens, qui portent les lourds fardeaux, qui chargent et déchargent les navires. Ils sont employés depuis Sierra-Leone jusqu'au delà de Saint-Paul de Loanda.

Ce sont des hommes robustes, bons travailleurs, excellents bateliers ; on leur fait faire toutes sortes de travaux pénibles, excepté le travail de la terre, pour lequel ils ont une répugnance manifeste.

Il y a trente ans à peine, les Kroumens étaient un peuple de cannibales, mais depuis que l'esclavage a été aboli, ils s'engagent dans les factoreries de la côte pour un temps qui n'excède pas une année, après quoi ils retournent dans leur pays pour se reposer et dépenser le montant de leur salaire, qui leur est invariablement payé en marchandises.

Les négociants qui les engagent sont chargés de payer leur passage sur les steamers à l'aller et au retour, mais comme ce sont des passagers peu exigeants, le prix du passage est peu élevé.

Il est d'usage depuis plusieurs années, pour les navires qui voyagent sur la côte occidentale d'Afrique, d'engager un certain nombre de ces auxiliaires pour le chauffage des fourneaux de machine et pour les durs travaux du bord ; les navires à vapeur des compagnies anglaises ont un dépôt de Kroumens à Sierra-Leone ; c'est là qu'ils les embarquent en arrivant et qu'ils les débarquent au retour.

Le salaire de ces travailleurs varie, dans les factoreries, de quinze à trente-cinq francs par mois, payable en marchandises d'Europe, de sorte que, tout compte fait, puisque l'on évalue les marchandises avec le bénéfice ordinaire, soit 100 0/0, ce salaire se réduit de 8 à 16 francs par mois.

Leur nourriture est des plus ordinaires : une demi-livre de riz matin et soir, trois fois par semaine 200 grammes de lard ou de bœuf salé par homme, et les jeudi et dimanche une ration de gin, soit une bouteille ordinaire par groupe de quatre hommes.

On les loge dans une vaste case pouvant en contenir 100 à 150, suivant l'importance de la factorerie. Dans cette case, il n'y a ni linge ni mobilier, les Kroumens savent s'en dispenser, et chacun d'eux s'arrange à sa façon ; on n'est tenu de leur fournir que les marmites nécessaires pour la cuisson de leur riz. Les plus *débrouillards* plantent des piquets en terre pour se faire un lit ; quelques planches de caisses d'emballage qu'ils ramassent où ils peuvent, sont clouées ou attachées sur ces piquets pour ne pas dormir en contact avec le sol, la moindre natte ou un vieux sac leur sert de matelas, et dès lors leur installation est complète.

Avec ces hommes-là, il ne faut rien laisser à l'abandon ; leur penchant pour le vol est d'autant plus caractéristique qu'ils s'engagent uniquement pour se faire un trousseau ; ils arrivent de leur pays avec un unique pagne autour des reins pour tout bagage, et tout leur souci est d'accrocher de ci de là un lambeau d'étoffe, une vieille veste ou un vieux chapeau qu'ils conservent précieusement pour parader chez eux à leur retour. Toutefois, quand ils travaillent à la pluie, ils aiment avoir quelque chose sur le dos ; un tricot de marin ou une vareuse de grosse laine fait tout leur bonheur ; à défaut de ce vêtement, un sac de grosse toile leur rend d'immenses services. Avec ce sac ils ont bien vite fabriqué un vêtement à leur taille : un trou dans le fond pour passer la tête et deux autres trous sur les côtés pour les bras, les voilà vêtus de pied en cap.

Peu leur importe que le vêtement qu'ils portent soit mouillé, il leur suffit de ne pas recevoir directement les gouttes de pluie sur le corps.

Les malins ont toujours soin de se mettre dans les bonnes grâces du personnel européen de la factorerie à laquelle ils sont attachés, les vieux vêtements et les objets de rebut sont toujours sollicités par ces sangsues qui ne cessent de quémander une chose ou l'autre ; aussi, à la fin de leur année d'engagement, chaque Kroumen possède-t-il quelque harde dont il s'accoutre avec vanité.

Pour le paiement de leur salaire, ils aiment à varier les marchandises ; ils choisissent le plus souvent un ou deux fusils à pierre, autant de barils de poudre de traite, quelques pièces d'étoffes légères dites guinée, de la parfumerie, surtout de la pommade, avec laquelle ils se frottent le corps, des bijoux en cuivre argenté, surtout des bagues, des boucles d'oreilles et des chaînes, des bouteilles de gin, etc., etc.

Quelques-uns ont des boucles d'oreilles en or, mais ceux-là ont généralement été plusieurs fois engagés, et leurs économies leur ont permis de se passer ce luxe.

Qu'on ne croie pas que ces boucles d'oreilles soient de dimensions exagérées, comme on a l'habitude de représenter les noirs sur les gravures : ce sont des boucles comme en portent quelquefois les marins bretons ou normands ; si elles étaient autrement ils n'en voudraient point. Du reste le prix serait trop élevé pour leurs bourses. Si leurs moyens sont trop restreints pour avoir la paire, ils se contentent d'une seule, sauf à se procurer l'autre au bout de la campagne suivante ; à la rigueur, un bout de fil de fer leur en tiendra lieu.

Le Kroumen soigneux, qui a sa garde-robe bien montée, doit avoir un ou plusieurs coffres pour enfermer ses pagnes, foulards, etc. ; ceux qui n'en ont pas savent s'en procurer avant de rentrer chez eux, et c'est généralement sur la côte d'Or, à Wynebah, Akra ou à Cap-Coast-Castle que se font ces emplettes. Les noirs de cette contrée, appelés Fantis, sont depuis longtemps sous la domination anglaise ; les missionnaires anglais enseignent aux jeunes indigènes les travaux manuels, et quelques-uns d'entre eux, ceux qui savent un peu travailler le bois, fabriquent des coffres grossiers avec de vieilles caisses d'emballage ; ces coffres sont noircis avec une couleur végétale tirant sur le noir, cela constitue une malle pour les Kroumens.

Dès qu'un vapeur venant du Sud est en vue, les fabricants de coffres entassent leurs meubles dans des pirogues et partent à force de rames sur le point où le vapeur vient mouiller.

Immédiatement, ce sont des cris assourdissants, des interpellations de toutes parts, des querelles et parfois des rixes entre les concurrents. Tout cela a lieu le long du bord, car il est rare que les capitaines laissent envahir leurs navires par cette horde de démons. Acheteurs et vendeurs se mettent en rapport d'affaires par-dessus les bastingages ; les premiers exhibent des pièces d'étoffes, des couteaux, de vieux sabres, etc., tous objets ayant servi à les payer ; le vendeur, de son côté, offre sa marchandise, mais il trouve qu'on ne la paie jamais assez ; l'entente est toujours longue à se faire, et ce n'est que lorsqu'on commence à lever l'ancre que les marchés se terminent entre vendeurs et acheteurs. Les désirs de s'entendre sont aussi grands d'un côté que de l'autre ; l'acheteur tend bien le bibelot avec lequel il veut payer, mais il ne le lâche point sans tenir de l'autre main une extrémité du coffre ; dans cette situation, chacun tenant son bien et de l'autre ce qui est la propriété de son adversaire, les discussions continuent encore, bien que les parties soient à peu près d'accord ; mais comme la confiance de part et d'autre fait absolument défaut, ce n'est qu'au moment du *lâchez tout* que le marché est réellement conclu ; du reste il ne saurait en être autrement, le steamer se met en marche et les pirogues des marchands sont bien vite distancées.

Dès lors, voilà chaque Kroumen pourvu d'un meuble dans lequel il pourra décemment enfermer son trésor ; c'est de très bon ton pour les noirs de toute la côte d'avoir des coffres en sa possession, sauf à les avoir vides ; mais les clefs suspendues à leur cou avec une ostentation manifeste laissent à supposer que le porteur de ces clefs n'est pas le premier venu.

Dès que le navire arrive en vue de la côte de Krou, tous ceux qui doivent débarquer montent sur le pont ce qui leur appartient ; les points sur lesquels ils débarquent sont généralement Cap-Palmas, Greewil, Casolly, Alf-Jack, Fishtown et Rock-Town.

Quand le navire est sur le point d'arriver au mouillage, ceux qui sont sur le pont voient se détacher de la côte, un à un, une quantité considérable de petits points noirs ; peu à peu ces point s'approchent, ils deviennent plus distincts, on dirait alors une fourmilière gigantesque qui s'avance sur les flots : ce sont les pirogues des habitants qui viennent le long du bord chercher un frère, un parent ou un ami. Bientôt on peut distinguer le nombre de rameurs, puis reconnaître les figures ; ce sont alors des appels, des cris perçants, enfin un tohu-bohu indescriptible ; leur impatience est telle que la plupart du temps les objets qui ne peuvent couler sont jetés à la mer pour être recueillis par les pagayeurs des pirogues ; souvent celles-ci sont si nombreuses qu'elles se brisent parfois les unes contre les autres en se heurtant violemment ; presque toujours quelques-unes d'entre elles chavirent, mais ce sont là des incidents insignifiants, le pagayeur l'a vite retournée, tout en nageant, et vidé l'eau dont elle vient de s'emplir. Quand chaque Kroumen a débarqué son butin, il pique une tête dans l'eau, gagne à la nage la pirogue qui le contient, et en quelques instants arrive au milieu des siens.

Ces jours-là sont des jours de fête pour tout le village, on allume de grands feux, on tire des coups de fusil et on débouche force bouteilles de gin, on se grise jusqu'à ce que le liquide soit épuisé. Quand les vapeurs de l'ivresse sont dissipées, chaque nouvel arrivant étale sa pacotille, qui est passée en revue par les jeunes filles à marier : elles font leur choix d'un lot et elles en épousent le propriétaire. Le père de la jeune fille prélève toujours une bonne part sur les marchandises en échange de son enfant, et les deux époux gardent le reste.

Au bout de deux ou trois mois passés dans leur pays, les hommes laissent la case à la garde des femmes et contractent un nouvel engagement dans les mêmes conditions que le précédent, c'est-à-dire pour une année, mais avec un salaire plus élevé s'il est devenu plus fort ou plus expérimenté. À son retour, après cette seconde campagne, les choses se passeront comme précédemment et la famille s'augmentera d'une femme de plus. Il a réalisé ses aspirations quand il a cessé de travailler et qu'il a 25 ou 30 femmes à sa disposition. Ces femmes, deviennent à sa mort la propriété du fils, si bien qu'il y a des individus qui ont leurs propres mères pour épouses.

Plus un Kroumen possède de femmes plus il est riche ; ce sont elles qui cultivent les plantations d'igname, de manioc et de maïs, qui construisent les cases, qui font enfin tous les travaux domestiques.

Chez lui, le noir s'occupe de réparer sa pirogue ou d'en creuser une nouvelle dans un tronc d'arbre, de tailler ses pagayes et de pêcher ; le temps qu'il n'emploie pas à ces occupations il le passe à fumer, à dormir au frais dans sa case et à danser le baümlo. Les cases des Kroumens sont généralement bien faites, proprement tenues et chaque femme couche dans un compartiment séparé.

On voit chez ce peuple beaucoup d'objets fabriqués en Europe, cela se conçoit, et tout ce qui se fait se rapproche relativement dans la manière de vivre en Europe ; on voit que ces hommes, les plus laborieux de toute l'Afrique, profitent de ce qu'ils ont vu et observé dans les factoreries. Leur contact avec les blancs a sensiblement adouci leurs mœurs et ils ont, par ce moyen, acquis une certaine supériorité sur les autres peuplades africaines, ce dont ils sont très fiers.

Dans les factoreries, il est excessivement rare de voir les Kroumens se lier d'amitié avec les habitants d'un pays autre que le leur ; on les vexerait grandement si on les comparait aux autres noirs de la côte ; ils répondent avec vanité qu'ils sont des Kroumens et non pas des noirs, voulant dire par cela que, malgré leur couleur de suie, ils diffèrent des autres parce qu'ils travaillent et que les blancs savent apprécier leurs services. Du reste, ils ne se gênent pas pour traiter les noirs qui ne sont pas de leur race de *bushmans* (hommes des bois).

Il serait à désirer que tous les peuples de l'Afrique fussent comme eux, la grande question de la civilisation africaine ne serait plus un problème dont la solution se fera attendre fort longtemps.

Je reviendrai plus loin, dans un autre chapitre de cette étude, sur cette importante question ; je me permettrai de développer mon opinion à ce sujet, au risque de soulever des protestations de la part des négrophiles.

J'ajouterai, pour terminer ce chapitre sur le peuple Kroumen, qu'ils s'engagent bien rarement isolément ; ils sont toujours par groupe de quinze à vingt hommes, commandés par un des leurs, qui est généralement le fils ou le parent d'un chef du pays ayant déjà fait plusieurs campagnes dans les établissements européens de la côte. Celui-ci reçoit un salaire plus élevé, et il a pour mission de veiller à ce que ses hommes ne flânent pas ; il s'assure aussi que leurs rations de vivres sont régulièrement fournies et il désigne celui de ses congénères qui doit faire la cuisine pour tous ; c'est encore lui qui inflige les corrections à ceux qui le méritent, sur l'ordre du chef de la factorerie.

Comme signe distinctif, chaque Kroumen porte une ligne de tatouage qui part du haut du front, à la naissance des cheveux, jusqu'à l'extrémité du nez ; quelquefois ce tatouage s'arrête entre la jonction des sourcils. Indépendamment de ce signe de reconnaissance, les adultes se liment le milieu des incisives de la mâchoire supérieure, de manière à pratiquer une entaille triangulaire dont un des angles est en haut, près de la gencive, et les deux autres en bas, à l'extrémité des deux dents.

Comme tous les autres noirs de l'Afrique, les Kroumens ont un penchant très prononcé pour les liqueurs fortes et le vol.

CHAPITRE VI. — Grand-Bassam. — Assinie. — Axim. — La Côte d'or et le royaume Achanty. — Le Dahomey. — Porto-Novo.

Immédiatement après avoir doublé le cap des Palmiers, la côte suit la direction de l'E.-N.-E. jusqu'à Grand-Bassam ; cette côte est connue sous le nom d'Appolonia. Le pays est fort peu fréquenté par les Européens, étant d'une insalubrité excessive, causée par les nombreuses lagunes qui ne sont séparées de la mer que par une étroite bande de terre. Les points principaux de cette côte sont Saint-André et Laha.

Un peu plus à l'Est se trouve la colonie française de Grand-Bassam, où il n'y a qu'un seul comptoir européen, appartenant à M. Verdier, de la Rochelle.

Il y avait autrefois sur ce point, quelques hommes de troupes qui logeaient dans un fort très bien construit ; cette petite garnison a été retirée en 1870, et depuis cette époque le fort est occupé par le personnel et les marchandises de M. Verdier, qui paie pour cela une redevance au gouvernement français.

La situation de Grand-Bassam est exceptionnellement favorable pour la troque ; plusieurs rivières importantes facilitent les communications avec l'intérieur ; de grandes lagunes permettent aux indigènes de faire de longs trajets en pirogue, dans le but d'apporter sur ce point les produits de leur pays, lesquels abondent en huile et en amandes de palme, en ivoire et en poudre d'or, qu'ils tirent du pays Achanty.

Une grande crique (1) fait communiquer la rivière de Grand-Bassam avec le fleuve Assinie, dont l'embouchure est à une dizaine de kilomètres plus loin. La rive gauche de cette rivière est également colonie française, et il y avait aussi un poste de soldats d'infanterie de marine, également retiré lors de la guerre franco-allemande ; depuis cette époque, ce poste n'a pas été rétabli.

J'ai appris dernièrement, par la voix des journaux, qu'un colonel d'infanterie de marine en retraite avait été nommé gouverneur de ces deux colonies, *avec résidence à Porto-Novo*. Je trouve, et beaucoup de mes lecteurs seront de mon avis, que c'est là une singulière façon d'administrer une colonie : un gouverneur qui réside à 400 kilomètres au moins de son département, n'est-ce pas un comble ?

Toutefois nous devons nous réjouir de cette nomination, car c'est un indice que le gouvernement français renonce aux pourparlers qui avaient été entamés il y a deux ou trois ans avec l'Angleterre pour l'échange de Grand-Bassam et d'Assinie contre la colonie de Bathurst, sur la Gambie.

Céder Grand-Bassam et Assinie aurait été une grande faute ; ces deux points, qui n'en forment par le fait qu'un seul, sont exceptionnellement situés pour le commerce du Soudan Sud-Ouest par les monts de Kong ; la rivière Assinie, que l'on suppose venir d'au delà de ces montagnes non encore explorées, peut bien être le chemin le plus direct pour pénétrer dans cette partie du Soudan située au Sud de Tombouctou, entre le versant Nord des monts de Kong et la grande courbe que forme le Niger au-dessus des cataractes. Nous savons que le voyageur Barth a parcouru, en 1850-1855, la partie Nord de ce coin du Soudan, de Tamkala à Saroijamo, et que de ce dernier point il a regagné son point de départ en descendant le cours du Niger, en passant par Tombouctou.

Le récit que fait ce voyageur de cette contrée est merveilleux, et si une chose m'étonne, c'est que quelque voyageur n'ait pas encore tenté de remonter le cours de l'Assinie pour aller de là au Niger.

(1) Canal naturel faisant communiquer deux rivières entre elles.

Dans son cours moyen, l'Assinie sépare l'Achanty du Wakoré, mais à 25 ou 30 kilomètres de son embouchure, il traverse le territoire de diverses peuplades, les unes suzeraines du roi de l'Achanty, les autres soumises au protectorat anglais de la Côte d'Or.

La France a également sous sa protection plusieurs tribus riveraines de l'Assinie, notamment le territoire du roi Ama-ti-Fou ; mais cela sans profit pour nos compatriotes, puisqu'au lieu de tirer un bon parti de ce riche pays le gouvernement, paie à ce roi une rente annuelle de six mille francs en *pièces neuves de cinq francs*.

En résumé, Assinie est un point excellent qu'il ne faut pas laisser dans l'oubli, la rivière qui lui a donné son nom est une des plus importantes du golfe de Guinée ; elle débite un volume d'eau égal à celui du Volta, et son lit est assez profond pour porter à une grande distance dans l'intérieur des vapeurs de 100 tonneaux.

Les peuples de cette contrée sont des plus intelligents de l'Afrique occidentale. L'Achanty, qui est un royaume important, possède des lois, et des fonctionnaires de divers grades sont disséminés sur tout le territoire. Ce peuple a une police très bien organisée et, sans la barbarie de son roi, on pourrait presque la comparer à un Etat de l'Asie centrale.

Tout le territoire Achanty regorge d'or, et il y a lieu de croire que les monts de Kong sont d'une excessive richesse en quartz aurifère, car tout l'or de l'Achanty est recueilli dans le lit des rivières qui viennent de ce côté ou dans les terrains d'alluvion.

Pour le lavage de la terre, les indigènes se servent de la *battée*, procédé tout à fait primitif et qui laisse perdre plus de paillettes d'or que ce qu'on en récolte. Si on employait là l'appareil Bazin on réaliserait des bénéfices énormes.

La poudre d'or est si commune dans ce pays, qu'elle sert de monnaie à ses habitants. On voit des femmes de condition très modeste porter au cou des colliers faits avec des pépites et pesant plus de 1000 francs d'or ; dans les cheveux, d'énormes épingles également en or, fabriquées par des ouvriers indigènes. Ces ouvriers, avec des outils tout à fait rudimentaires, parviennent à faire des choses merveilleuses ; leur talent d'imitation est surtout remarquable : n'ayant aucune notion du dessin, ils imitent des fleurs, des fruits, des crânes et des tibias humains.

Les bagues surtout sont l'objet de tous leurs soins ; j'ai en ma possession un anneau représentant dans la perfection les douze signes du zodiaque, qui m'a été donné par le roi Ama-ti-Fou à l'occasion de la visite que je lui fis en 1883.

Le peuple Achanty est un peuple essentiellement commerçant. Ne pouvant trafiquer directement avec la côte, à cause du voisinage des Anglais, qu'il déteste, il fait d'importantes affaires avec les caravanes qui viennent des bords du Niger pour acheter de la poudre d'or et de l'ivoire ; ces caravanes sont les mêmes qui parcourent le bassin du Niger depuis Tombouctou jusqu'à l'Adamaoua. Si enfin le gouvernement français voulait prendre la peine de coloniser sérieusement l'Assinie, les Achantis trouveraient là un débouché pour leurs riches produits et nous aurions le monopole du commerce de toute cette contrée, au détriment des Anglais. Ceux-ci ont si bien compris l'avantage de cette situation qu'ils ont été les premiers à nous proposer l'échange de Bathurst contre nos droits sur cette partie de la côte d'Afrique.

A quelques milles au Sud-Est d'Assinie on trouve, à l'embouchure de la rivière Ancobra, l'ancienne colonie néerlandaise d'Axim, aujourd'hui anglaise.

Le commerce d'Axim est peu important quant à présent, mais par la suite il peut prendre un grand développement. Actuellement, c'est le siège de plusieurs sociétés minières, dont une française, qui exploitent les quartz aurifères de Taquah.

Immédiatement après Axim, on double le cap des Trois-Pointes et l'on est en pleine Côte d'or. Cette côte suit la direction de l'E.-N.-E. presque en ligne droite jusqu'à Lagos, mais la partie comprise entre l'embouchure du Volta et Lagos est appelée Côte des esclaves.

Peu après le cap des Trois-Pointes, on arrive à Elmina ou plutôt Saint-Georges d'Elmina, nom donné par les Portugais, qui occupèrent les premiers la Côte d'or, à cause de la grande quantité d'or que les indigènes leur vendirent pour des bibelots de peu de valeur.

Après les Portugais ce furent les Hollandais qui prirent possession du pays, et ces derniers l'ont cédé aux Anglais il y a une quinzaine d'années.

Elmina était autrefois une ville des plus florissantes ; ses nombreuses constructions en maçonnerie le témoignent assez. Mais depuis l'occupation anglaise, le commerce est tombé complètement ; les constructions qui avaient été élevées par les Hollandais et que ces derniers ont laissés à leurs familles d'occasion, tombent peu à peu en ruine, faute de pouvoir les faire réparer, et des rues entières ne sont que des monceaux de décombres.

Les navires qui font le service de la Côte d'or touchent rarement à Elmina ; ils font escale de préférence à Cap-Coast-Castle, ville plus importante, séparée d'Elmina de 14 milles. Un chemin, qui pourrait être carrossable s'il y avait des attelages dans le pays, relie ces deux villes en suivant le bord de la mer.

Je dis d'autre part que la ville d'Elmina tombe en ruines ; cela est si vrai qu'en mai 1883, une violente tornade fit écrouler soixante-quinze maisons en une nuit, parmi elles la maison des missionnaires français.

L'eau potable fait presque entièrement défaut dans cette localité ; seul, le château-fort qui sert de résidence au commandant militaire et de caserne à la garnison de Haoussas, possède une citerne.

Pendant la saison des pluies, chaque habitant met tous les récipients dont il dispose à réquisition pour recueillir le bienheureux liquide ; mais pendant la saison sèche il faut se transporter à deux kilomètres de la ville pour faire sa provision de la journée. Si encore on pouvait disposer d'une bête de somme, on pourrait en emporter une assez grande quantité ; mais là comme dans toute la Guinée en général, les animaux domestiques tels que cheval, mulet et âne, ne vivent pas.

Le climat de toute cette contrée est un des plus meurtriers ; c'est là qu'est mort le 28 août 1883 notre compatriote et ami M. Brun, négociant et agent consulaire français.

M. Brun était le dernier survivant de la dernière expédition de Bonnat, laquelle était composée de quatre personnes : MM. Bonnat, chef de l'expédition, qui était resté cinq ans prisonnier du roi achanty Koffi-Kalkali ; Bazin, fils de l'ingénieur bien connu par l'invention de l'appareil à laver le sable aurifère qui porte son nom ; Muzy, fils d'un percepteur du département de l'Isère, et Brun.

Sauf M. Bonnat qui est mort d'une fluxion de poitrine, tous sont morts victimes des fièvres paludéennes.

A ces victimes, nous devons ajouter M. Veuve, un de mes compagnons de voyage, mort, lui aussi, victime des terribles fièvres.

Je ne veux pas passer en revue tous ceux qui ont sacrifié leur existence dans ces contrées pour la science et la gloire de leur pays, la liste serait trop longue à dresser, mais on peut s'étonner à bon droit que les autorités d'une colonie comme la Côte-d'Or ne fassent rien pour la santé des Européens qui s'y trouvent, ne serait-ce que sous le rapport de l'eau potable qu'il est très difficile de se procurer.

Les mœurs des habitants de la côte, appelés Fantis, sont douces en général ; leurs rapports avec les Européens sont faciles, mais ils sont d'une très grande susceptibilité. Leur nourriture principale est le *fou-fou*, sorte de mets dont la banane-plantain forme la base ; on pile les plantains pendant deux heures entières dans un mortier, puis on y ajoute un bouillon préparé avec des plantes aromatiques, du poisson ou bien de la volaille ; le tout fortement pimenté. Un palais européen a mille peines à s'habituer à cette cuisine, mais les Fantis et les Achantis, deux peuples de même souche, en font leur régal.

Il se consomme également sur toute la Côte d'Or et dans l'intérieur, une grande quantité d'escargots que l'on trouve en grande abondance pendant la saison des pluies. Ces escargots sont d'une grosseur énorme ; quelques-uns atteignent le poids de 700 grammes. On consomme aussi des crabes de terre, vulgairement connus dans les colonies françaises sous le nom de *tourlourou*.

Dans tous les mets l'huile de palmier est l'assaisonnement par excellence. Les ignames, le manioc et le maïs tiennent lieu de pain aux indigènes.

Bien que toute la Côte d'Or soit depuis longtemps sous la domination européenne, il n'a été créé, jusqu'à présent, aucun établissement agricole ; le sol, cependant, est d'une excessive fertilité. Les indigènes qui habitent dans les petits villages sont les seuls cultivateurs de cette contrée. Concurremment avec les ignames, le maïs et le manioc, ils entretiennent quelques champs de canne à sucre, mais ce produit est consommé par les noirs comme une friandise à l'état naturel.

Les animaux de boucherie sont très rares ; il n'y a que quelques bœufs de petite taille, des moutons sans laine, ayant pour toison un poil rude et court, et des cochons nourris exclusivement des immondices de la plage.

La monnaie anglaise a cours dans toute l'étendue de la colonie, on n'achète rien avec des marchandises. Sous ce rapport on se croirait en Europe, dans une ville de province.

Les femmes de la campagne vont tous les matins dans les villes vendre leurs produits ; les unes portent des fagots de bois à brûler, d'autres de la volaille, du vin de palmes ou des légumes, et les quelques *penny* qu'elles se procurent leur permettent d'acheter les objets d'Europe qui leur sont indispensables.

Leur costume, sans être bien luxueux, est cependant plus ample que celui des autres peuples de la côte. Dans les villes comme Accra, Cap-Coast-Castle et Elmina, les femmes aisées portent une robe d'étoffe légère, serrée au cou et à la ceinture ; celles d'une condition inférieure portent un simple pagne qui leur descend au-dessous des genoux ; mais quand elles sortent, beaucoup d'entre elles jettent sur leurs épaules une pièce d'étoffe dans laquelle elles se drapent coquettement. Il faut qu'une femme soit bien pauvre pour sortir le buste entièrement nu. Toutefois dans la campagne les robes sont rares.

Toutes les femmes, sans exception, portent un collier qui varie suivant leur situation de fortune.

Le pagne des indigènes de la Côte d'Or n'est pas simplement attaché à la ceinture comme cela se pratique en général chez tous les noirs ; les femmes et les enfants en bas-âge ont, tous, à la ceinture, un ou deux rangs de perles en verroterie qui leur sert à fixer leur pagne.

Indépendamment de ces sortes de chapelets, les femmes, à partir de l'âge de dix ou douze ans, portent, à la hauteur des hanches, par derrière, un bourrelet fait avec de la paille ou du crin végétal et qui est recouvert par le pagne ; cela forme au-dessus de la partie charnue une saillie qui a son utilité.

Nous voyons ces choses-là également chez nous ; mais ici c'est une mode qui passera comme tant d'autres, tandis qu'aux femmes de la Côte d'Or cela sert à retenir leurs moutards qu'elles placent à califourchon derrière les reins. Celui-ci ayant une jambe à droite et l'autre à gauche est, de plus, retenu par un lambeau d'étoffe que la mère lui passe autour des reins et qu'elle attache devant elle. Ainsi placé, l'enfant peut être allaité sans être dérangé et dormir à son aise pendant que la mère vaque à ses travaux.

Il n'est pas rare de voir les femmes couper du bois, cultiver les champs ou faire tout autre travail aussi pénible avec son nourrisson collé sur le dos.

Comme on voit, la *tournure* des négresses de ce pays est un objet très pratique. Si l'enfant a besoin de téter, la maman n'a qu'à le faire pencher légèrement à droite ou à gauche en lui passant le bras autour du cou de manière que sa bouche se trouve à la hauteur du sein qu'il happe habilement dans le balancement que lui imprime sa nourrice par une légère secousse en se penchant sur le côté.

A cet effet je me suis livré un jour à une statistique singulière, et qui a quelque ressemblance par son originalité à celle de ce personnage de vaudeville qui calculait le nombre de veuves qui passaient sur le Pont-Neuf dans une journée.

J'avais remarqué qu'un grand nombre de négresses avaient le sein gauche beaucoup plus allongé que le droit : sur 300 femmes que j'ai comptées, 242 avaient le sein gauche plus long que le sein droit, 54 étaient de jeunes femmes n'ayant pas encore été mères et 4 seulement avaient les seins d'égale longueur.

Il est, je crois, très facile d'expliquer cette singularité.

Quant une négresse porte un fardeau sur la tête, elle le soutient généralement de la main droite ; il en est de même si elle se livre à un travail manuel, c'est la main droite qui tient l'outil, de sorte que si l'enfant éprouve le besoin de téter, c'est avec la main gauche que la mère attire l'enfant près du sein, et le sein de gauche étant plus souvent en fonction que celui de droite s'use d'avantage ; de là la mollesse excessive qui le fait allonger peu à peu tandis que le sein droit reste stationnaire.

La coiffure de ces femmes n'a rien de bien remarquable. Ce sont le plus souvent un nombre infini de petites tresses qui font ressembler leurs têtes à un porc-épic, ou bien une tresse de chaque côté de la tête, relevées sur le sommet de manière à imiter les cornes d'une chèvre. Quelquefois encore, elles laissent croître leurs cheveux en liberté, ce qui leur donne une vague ressemblance avec un écouvillon d'artillerie.

L'ensemble de la physionomie est assez agréable, surtout chez les jeunes filles, les membres sont bien proportionnés, mais le torse est loin d'être souple et gracieux comme chez certains peuples africains de la côte orientale, les Nubiens et les Abyssins, par exemple ; on ne trouve pas chez les femmes achanties et fanties, ces contours suaves et bien proportionnés qui font ressembler les femmes de la Nigritie aux statues de bronze antique ; les traits sont assez vulgaires, mais cependant elles n'ont pas les lèvres épaisses et le nez est presque aquilin. La plupart d'entre elles ont les seins pointus et le plus souvent une boule de la grosseur d'un œuf de poule les termine, de sorte qu'ils ont quelque ressemblance, comme forme, avec la gourde de pèlerin.

Il est d'usage parmi cette population, à une certaine époque de l'année, de promener ensemble toutes les filles à marier. On les voit par groupes nombreux passer dans les rues précédées d'un joueur de flûte et d'un joueur de tam-tam.

Les veuves, dont l'époux est décédé depuis un an accompli, se joignent au cortège.

Ces jours là tous les bijoux, toutes les plus belles pièces d'étoffe sont mises à réquisition. Le coffre qui tient lieu d'armoire à glace aux dames achanties est vidé jusqu'au fond et son contenu couvre les noires épaules de cette plus belle moitié du genre humain.

Là comme dans tous les pays équatoriaux, les femmes sont nubiles vers l'âge de dix ans ; il n'est pas rare de voir des jeunes personnes de onze à douze ans mères d'un petit négrillon. Mais aussi dès l'âge de 25 à 30 ans, alors que la femme d'Europe est dans toute la force de l'âge, les négresses sont usées et il faut avoir une grande habitude de leurs mœurs pour ne pas leur attribuer 45 ou 50 ans.

Je ne veux pas fatiguer le lecteur en prolongeant davantage ce chapitre sur la Côte d'Or ; il suffit d'avoir exposé les traits les plus saillants des mœurs des habitants de cette contrée, si peu connue à quelques journées de marche de la côte ; il n'est question, bien entendu, que de ce qui se passe sur le littoral depuis Elmina jusqu'à Kitta.

J'ajouterai que la grande majorité des ouvriers tonneliers, charpentiers, forgerons, etc., qui sont employés dans les factoreries de la côte jusqu'à Malimba, voire même au Gabon, sont engagés dans les villes de Cap-Coast-Castle, Accra et Wynebah. Lagos fournit aussi quelques ouvriers qui sont, comme ceux de la Côte d'Or, d'une exigence sans exemple ; ni les uns ni les autres ne savent faire grand'chose, mais il faut passer sous leurs fourches caudines, car eux seuls peuvent se livrer à des travaux manuels continus sans crainte des fièvres.

Les factoreries importantes se passent le luxe d'un maître ouvrier européen qui surveille et donne des instructions.

Aujourd'hui le commerce de l'or n'existe plus que de nom sur cette côte autrefois si riche ; ce métal précieux venait du pays des Achantis ; mais aujourd'hui qu'ils se trouvent relégués au delà du Prah, ils ne se livrent plus à ce trafic. En voulant conquérir une partie de leur pays, l'Angleterre a tué la poule aux œufs d'or.

CHAPITRE VII. — **Le Dahomey.** — **Porto-Novo** et la côte des **Popos.** — **Lagos.**

Il suffit de jeter un coup d'œil sur une carte de l'Afrique pour se figurer que les deux royaumes de l'Achanty et du Dahomey se touchent, séparés seulement par l'importante rivière du Volta, mais c'est là une grave erreur ; plusieurs peuplades indépendantes les unes des autres sont riveraines de ce cours d'eau, et sont souvent en guerre entre elles ; de plus elles ont toutes à subir les exactions de ces deux grands royaumes, surtout du Dahomey, dont l'armée d'amazones opère souvent des razzias sur les populations dans l'unique but de se procurer des esclaves. Ces razzias ont lieu le plus souvent aux veilles des fêtes ou *coutumes*, à l'occasion desquelles on immole des centaines de malheureux.

Il n'est pas de fêtes sans qu'il soit commis de massacres de pauvres captifs. Quand parfois les razzias n'ont pas été fructueuses, les chefs des villages sont chargés de fournir un certain contingent d'esclaves qu'ils réquisitionnent dans l'étendue du territoire soumis à leur commandement ; c'est ainsi qu'à plusieurs reprises des Krommens engagés dans les factoreries de Wydah ont été enlevés pour servir à ces ignobles sacrifices. Il a fallu toute l'énergie de nos compatriotes établis dans ce pays pour que ces faits ne se soient pas renouvelés ces temps derniers. Des personnes dignes de foi ont calculé que le Dahomey seul égorgeait bon an mal an deux mille esclaves dans les réjouissances publiques. J'ai de sérieuses raisons pour croire que l'Achanty ne le cède en rien à son voisin.

Tout prétexte est bon pour faire une fête : La mort, l'anniversaire de la mort de quelque personnage marquant, la naissance ou le mariage d'un membre de la famille royale, l'arrivée d'un Européen dans les murs d'Abomey, sont autant de motifs, pour les peuples achanty et dahomin, pour se livrer à l'égorgement de quelques centaines de victimes, aussi facilement que chez nous on tire des fusées.

Les rois de ces pays vont quelquefois plus loin. Si parmi leurs hauts fonctionnaires il s'en trouve un qui déplaît, ou bien s'ils convoitent la fortune de l'un deux, ils n'ont qu'à faire un signe pour que celui qui est désigné grossisse le nombre des immolés. Au lieu de s'en étonner, le peuple se figure que c'est pour donner plus d'éclat à la fête.

C'est ainsi que le roi Mensah, détrôné en février 1883 par ses sujets, avait trouvé un moyen pratique pour peupler son harem et garnir son trésor au détriment de quelques personnages influents de son royaume en faisant décapiter ceux-ci et en s'emparant de leur bien et de leurs femmes. De l'année 1881 à la fin de 1882 plus de quatre cents princes ou hauts fonctionnaires ont été victimes de sa cupidité.

Au Dahomey, les choses ne se passent pas autrement ; seulement le roi de ce pays possède l'avantage d'être gardé par plusieurs régiments d'amazones qui forment l'élite de son armée. Ces soldats femelles sont voués au célibat et doivent, sous peine de mort, conserver leur virginité. Cette situation hors nature rend ces femmes d'une férocité inouïe; dans les combats elles ne font point de quartier, aussi ces troupes sont-elles la terreur de leurs ennemis.

Les lois du pays obligent le roi à demeurer constamment dans la capitale; c'est tout au plus s'il peut aller en villégiature dans les environs; sous aucun prétexte il ne peut voir la mer qui est à six ou sept jours de marche d'Abomey.

On peut se demander à juste titre quel est le mobile de cette interdiction; je défie bien qui que ce soit de résoudre ce problème d'une manière précise. Comme bon nombre d'Européens ayant quelque peu vécu dans ce mystérieux pays, j'ai cherché à m'expliquer cette singulière loi et les causes qui peuvent en dériver. Après m'être renseigné aux meilleures sources sans être beaucoup plus avancé après qu'auparavant, j'ai été amené à *supposer* que les hauts dignitaires du pays sont intéressés à l'état de choses actuel, et qu'ils craignent l'influence des Européens établis sur la côte sur l'esprit du monarque.

Ce qui semble corroborer cette supposition c'est que, quand un Européen manifeste le désir d'aller à Abomey, il lui faut attendre que le chef du pays, devant lequel il a fait porter sa requête, ait transmis la demande au roi, lequel envoie toujours l'autorisation, surtout si l'étranger a de nombreux présents à lui faire; dans ce cas il envoie une canne à pomme d'or, qui est le signe distinctif de cette faveur, et des porteurs conduits par un chef qui a reçu d'avance toutes les instructions utiles.

Dès ce moment le voyageur peut se livrer à ses guides sans aucune crainte, sa personne est sacrée; malheur à celui qui lui déplairait, il serait mis à mort dès le jour de l'arrivée dans la capitale; seulement le voyageur sait quand il part, mais il ne peut compter sur la date de son retour qui est subordonné aux caprices du roi. Toutefois il n'a rien à craindre pour ses jours, car il est logé par les soins du despote qu'il visite et celui-ci fait pourvoir à tous ses besoins. Beaucoup de personnes habitant la côte du Dahomey prétendent que les blancs qui visitent la capitale du royaume sont longtemps retenus par le roi parce que celui-ci aime les Européens. Sans mettre en doute cette excellente raison, j'émets l'hypothèse que le roi aime aussi les cadeaux et qu'il en tire le plus qu'il peut.

Quand j'écris d'autre part que les hauts dignitaires de ce singulier pays sont intéressés à l'état de choses actuel, je ne crois pas m'écarter beaucoup de la vérité. Non seulement ils craignent l'influence des étrangers sur l'esprit du roi, qu'ils ne laissent jamais seul, mais ils craignent aussi l'étude du pays de crainte d'une invasion de la part d'une nation européenne.

De Wydah à Abomey, il n'y a qu'une seule route pour les Européens, et c'est toujours par celle-là qu'ils passent. Cette route est un affreux sentier, coupé en mille endroits par des marais presque impraticables, de nombreux ruisseaux, dont les abords bourbeux en sont autant d'obstacles des plus difficiles à franchir. Souvent les porteurs sont obligés de marcher dans la vase jusqu'à mi-corps, et d'élever au-dessus de leur tête le hamac dans lequel le voyageur se tient constamment couché.

Dès que l'on approche de la capitale, on rencontre de nombreux groupes qui s'entretiennent quelques instants avec le chef des porteurs, puis on arrive dans un village où l'on reçoit la visite de plusieurs personnages de la cour qui ne quittent jamais le voyageur les mains vides, et qui ne manquent pas de faire au roi un rapport détaillé de sa personne et de ses présents. Souvent l'entrée de la capitale n'est accordée que trois ou quatre jours après. Il va sans dire que l'Européen qui tente une aventure de cette nature, a toujours soin de bien se précautionner et de faire la meilleure grâce possible aux personnes qui viennent le voir de la part du roi avant d'entrer dans la ville d'Abomey. Les présents à faire à celles-ci sont le plus souvent une pièce d'étoffe de soie ou de velours, une arme ou une pièce *d'argenterie*. Je souligne le mot pour bien indiquer que l'imitation est prise en mauvaise part et qu'il est prudent de donner de l'argent massif, chose que les Dahomins savent distinguer.

Comme je l'ai déjà dit, la réception d'un Européen par le roi du Dahomey donne lieu à des réjouissances publiques au cours desquelles un certain nombre d'esclaves sont décapités.

Comme on le voit, on pousse les honneurs fort loin, et celui qui en est l'objet s'y attend toujours ; cependant il est une chose à laquelle plusieurs voyageurs ne se sont pas attendus : c'est l'offre qu'on leur a faite de couper eux-mêmes une ou deux têtes.

Pour cela on offre au visiteur un sabre richement orné, en même temps qu'on lui présente un groupe de victimes dans lequel il peut choisir celle qui doit avoir *l'honneur* de périr de sa propre main. Inutile de dire que cette faveur insigne est toujours déclinée.

Toute la côte du Dahomey est baignée par des lagunes larges et profondes, séparées de la mer par une langue de terre, ou, pour être plus exact, par un bourrelet de sable haut de 3 mètres environ, formé peu à peu par la barre qui est très forte sur tout le littoral.

Les indigènes se servent avec avantage de ces lagunes pour leurs trafics entre l'intérieur et la côte où ils viennent s'approvisionner de marchandises européennes et de cauris (1). Deux de ces lagunes sont de véritables mers ; ce sont les lagunes d'Avon, dans laquelle vient se jeter la rivière d'Abomey, et la lagune Denahm, qui communique avec Lagos. Après Lagos ces lagunes sont interrompues, mais elles se reforment avant d'arriver à la rivière de Benin avec laquelle elles communiquent par de nombreuses criques. La lagune d'Avon est aujourd'hui, en partie, placée sous le protectorat français avec le territoire de Porto-Novo dont le port principal est Kottono.

On trouve sur cette côte de nombreux comptoirs européens ; les comptoirs français et allemands sont en plus grand nombre ; viennent ensuite les comptoirs anglais et portugais. La végétation de cette partie de l'Afrique est d'une puissance merveilleuse. Les sites des bords des lagunes sont tout ce que l'homme peut rêver de plus grandiose ; jamais pays de fée n'a atteint la sublime beauté de cette mystérieuse contrée, et pour décrire tant de splendeurs il faudrait posséder une plume plus exercée que la mienne et l'imagination vive d'un poète doublée du talent de quelque écrivain distingué. Je n'essaierai donc point d'esquisser un tableau qui serait assurément au-dessous de la vérité, et je quitterai ces parages pour continuer à visiter avec le lecteur les quelques points de la côte jusqu'aux bouches du Niger où nous arriverons bientôt.

Prenons une pirogue du pays, conduite par six bons pagayeurs, et partons de Kottono pour nous rendre à Lagos. Le climat est bien meurtrier, les fièvres paludéennes règnent en permanence dans cette contrée marécageuse, de plus nous avons à craindre les insolations. Nous avons soin de nous munir de quelques provisions de bouche, nos pagayeurs nous ont installé à l'arrière de la pirogue un abri fait avec des branches de palmier, afin de nous garantir des morsures des rayons du soleil. Nous voyageons sur un lac d'une tranquillité parfaite ; il fait une chaleur atroce, le thermomètre accuse 45 degrés à l'ombre et à l'air libre ; de temps en temps, nous voyons surgir autour de notre embarcation un point noirâtre qui forme un léger remou : c'est la tête hideuse d'un caïman qui guette une proie. Parfois ces points noirs sont si près de nous, que les pagayeurs pourraient, en allongeant le bras, donner un coup de leur pagaye sur le museau de ces sauriens, mais ils ne s'en préoccupent pas et la légère

____

(1) Petit coquillage que l'on tire du Mozambique et qui sert de monnaie au Dahomey et dans quelques autres peuplades de l'Afrique centrale, notamment dans le Nupé et dans l'Adomaoua.

embarcation glisse sur l'eau comme un cormoran. De tous côtés de la verdure à profusion ; de temps en temps quelques cases de noirs sont assises sur le bord de l'eau au milieu d'un bouquet de hauts et gracieux palmiers ; parfois nous croisons des pirogues lourdement chargées de noix de coco, d'huile ou d'amandes de palme que les indigènes vont échanger dans les factoreries contre des tissus, des cauris, du sel ou du tafia. Ces factoreries sont assez nombreuses sur la côte, nous nous arrêtons dans l'une d'elles, à Little-Papo, appartenant à la maison Cyprien Fabre, de Marseille ; son directeur, M. Cantaloup, est un peu fatigué des suites d'un violent accès de fièvre qui l'a pris la veille, mais à l'arrivée d'un compatriote son énergie prend le dessus et il nous fait les honneurs de son établissement avec une grâce toute française. Nous trouvons là le R. P. Ménager, supérieur de la mission française d'Agouwey, qui est en visite depuis deux jours.

Après un repas substantiel, comme on n'en fait pas tous les jours sur la côte occidentale d'Afrique, nous parlons de la France, des nouvelles récemment arrivées à la côte, vieilles seulement d'un mois et demi — c'est d'hier ; — un n° du *Figaro* nous apprend la mort du comte de Chambord et nous donne des nouvelles du Tonkin et de Madagascar. Que c'est bon d'apprendre ce qui se passe dans son pays ! il y avait 5 mois que je n'avais lu aucun journal.

Le même jour nous reprenons notre voyage, seulement interrompu pendant quelques heures ; le R. P. Ménager nous accompagne, les adieux avec le personnel de la factorerie sont des plus touchants ; il semble que l'on quitte un parent pour ne plus le revoir. De temps en temps nous voyons des troupeaux de bœufs, sans gardien, paître librement dans de gras pâturages ; plus loin quatre piquets fixés en terre supportent un objet informe enveloppé d'un lambeau d'étoffe dont la couleur primitive est des plus douteuse. Cela m'intrigue, les pagayeurs ont une répugnance manifeste de s'en approcher, le P. Ménager sourit et, en langage dahomien, il ordonne à nos hommes de longer la rive.

Au fur et à mesure que nous approchons, une odeur de chair en putréfaction nous arrive, cela nous donne des nausées. Tout près, je veux voir de tout près ! J'approche. Horreur ! A l'une des extrémités de l'objet ainsi exposé, apparaît un pied humain à moitié dégarni de chair ; à l'autre extrémité un coin du morceau d'étoffe qui tient lieu de linceul laisse entrevoir un crâne qui semble me regarder avec ses orbites béantes, grimaçant comme pour se moquer de ma curiosité.

En quelques mots le P. Ménager m'explique que le cadavre qui gît là, sans sépulture, est le corps d'un débiteur insolvable. Devinant la demande qui était sur le point de glisser de mes lèvres, le digne religieux répond : « Vous allez, dit-il, me demander pourquoi les Européens du voisinage ne font pas ensevelir ce cadavre ? Sur un signe de tête affirmatif il ajoute : « Gardez-vous bien de toucher à ces choses-là , vous seriez tenu de solder les dettes du défunt, et si vos moyens ne vous permettaient pas de le faire, vous deviendriez l'esclave de ses créanciers jusqu'à quittance définitive. »

La chose était péremptoire, il n'y a rien à faire ; ceci est dans les mœurs, l'Européen comme l'indigène est tenu de respecter les lois du pays ; du reste le nombre de ces sortes de sépulture est assez grand pour faire supposer que les noirs de cette contrée ne se piquent pas d'honneur en fait de solvabilité.

Quelques instants après nous arrivons à Agouwey, siège de la mission ; nous trouvons là deux jolies maisons et une église en construction. L'une de ces maisons est habitée par les religieux, au nombre de quatre, et sert en même temps de maison d'école pour les garçons ; la seconde loge les religieuses et sert d'école aux petites filles.

Le pays est ravissant, mais aucun Européen n'est établi sur ce point de la côte. Cette absence de factorerie a pour motif la rapacité des habitants qui se font un devoir de voler les blancs.

Dès le lendemain de ce jour, à six heures, nous reprenons notre voyage sur la lagune après avoir pris congé du personnel de la mission, et à la tombée de la nuit nous arrivons à Wydah, l'unique port appartenant encore au Dahomey ; nous recevons dans cette ville l'hospitalité dans la maison Régis aîné, de Marseille, une des principales de la côte.

La factorerie, où réside l'agent général de cette maison, est installée dans l'ancien fort, construit à Wydah par les ordres de Colbert alors que la traite des esclaves était dans toute sa force sur cette côte. Notre marine marchande d'alors rivalisait avec avantage avec la marine anglaise ; les colonies commençaient à se peupler d'émigrants et l'on venait dans cette contrée chercher les bras qui manquaient à l'agriculture coloniale ; c'est ce qui a fait appeler la côte du Dahomey *côte des esclaves*.

Les Européens établis à Wydah sont au nombre de cinquante environ ; la plus grande partie sont les agents des maisons françaises, anglaises et allemandes. Quelques maisons de moindre importance sont gérées par leurs propriétaires, mais de ce nombre on ne voit que des maisons portugaises et allemandes.

La ville est située du côté de la lagune opposée à la mer ; sur la plage il n'y a que des entrepôts pour les marchandises. La distance qui sépare les entrepôts de la ville proprement dite est d'une lieue. Les passagers des navires qui font escale à Wydah descendent rarement à terre, parce que pour se réembarquer il est indispensable d'avoir l'autorisation du représentant du roi du Dahomey ; sans cette autorisation, il serait matériellement impossible de trouver un batelier pour se faire conduire à bord. Le batelier qui passerait outre à cette formalité serait immédiatement mis à mort.

Du reste, un seul batelier ne saurait suffire, car la mer est très dangereuse sur cette côte ; la barre est d'une grande violence, et les chaloupes qui servent au chargement et au déchargement des marchandises, sont desservies par neuf hommes au minimum, huit pagayeurs et un pilote.

Il serait impossible de gouverner une embarcation par les moyens ordinaires ; le gouvernail est toujours remplacé par un aviron ; et dès que la lame lance l'embarcation sur la plage, tout l'équipage se jette à l'eau pour la tirer à sec avant que la lame se soit retirée, sans quoi il ne serait pas possible d'aborder. Pour opérer cette manœuvre il faut une grande habileté, aussi les pertes de marchandises tant au chargement qu'au déchargement sont nombreuses. Il existe à Hambourg des compagnies d'assurances contre les pertes de la barre, et leurs affaires, dit-on, ne sont pas des plus lucratives malgré l'élévation des primes.

De Wydah à Lagos, par la lagune, il faut deux journées de pirogue. C'est une promenade qui serait fort agréable sans la chaleur torride et les innombrables moustiques ; de plus les émanations marécageuses ont bien raison des constitutions les plus robustes ; les fièvres paludéennes gagnent le voyageur et celui-ci perd son énergie en quelques heures. Par mer, le trajet est de douze heures sur un vapeur, mais on n'a pas toujours un navire en partance à sa disposition.

Entre Wydah et Lagos plusieurs points importants de la côte sont exploités par les Européens, notamment Badagry, qui est situé à peu près à égale distance de l'une et l'autre de ces deux villes. Toute la contrée est d'une extrême richesse en produits oléagineux et les factoreries y font de brillantes affaires, malgré la concurrence allemande qui, depuis quelques années, a fait baisser le prix de nos marchandises d'Europe d'une manière très sensible.

Les produits d'Europe qui sont le plus demandés sur toute l'étendue de cette côte sont le sel gemme en sac de 50 kilogrammes, les fusils de traite, la poudre de traite, le rhum en dames-jeannes de huit et de quatorze litres, les étoffes, dites de Guinée, le tabac en feuilles, les baguettes de cuivre, etc. Les cauris se vendent encore assez bien, mais ils ont perdu beaucoup de leur valeur d'autrefois. Il en faut actuellement cinq mille pour la valeur d'un schelling (1 fr. 25). Les navires qui vont chercher ces coquillages dans le Mozambique les mettent dans des fûts pour faciliter la manutention et l'emmagasinage à terre ; ce système a encore l'avantage de prévenir les vols. Quand on les livre aux trafiquants, on les mesure afin de ne pas perdre un temps infini pour les compter

Autrefois, ces cauris étaient la marchandise préférée, parce qu'elle tenait lieu de monnaie ; mais aujourd'hui beaucoup de peuplades leur préfèrent les barres de fer ou de cuivre qui leur servent à forger des lances et des poignards : dans quelques années ils n'auront plus aucune valeur sur la côte.

Lagos est la ville la plus importante de l'Afrique occidentale ; elle ne compte pas moins de 70.000 habitants dont une centaine d'Européens. On trouve dans cette ville un certain nombre de maisons de belle apparence, bâties à l'européenne, ayant des magasins au rez-de-chaussée et des appartements confortables. Il y a une imprimerie et des publications périodiques, un photographe, une briqueterie, un port sûr sur la lagune, entouré de quais en maçonnerie, mais d'un accès difficile et dangereux. Le port communique avec la mer par une passe étroite, peu profonde et parsemée de banc de roches. A sa sortie, cette passe forme brusquement un coude dans la direction de l'Ouest où vient constamment se briser une barre monstrueuse dont les lames franchissent les bancs de roches à fleur d'eau que forme le chenal de la passe.

Les navires d'un faible tonnage peuvent, seuls, pénétrer jusqu'aux quais ; les voiliers se font remorquer par des petits vapeurs construits exprès. Ces vapeurs servent en même temps d'intermédiaires entre les navires d'un fort tirant d'eau, qui sont obligés de mouiller au large, et le port ; on y transborde les marchandises de toutes sortes soit à l'arrivée soit au départ. Le transbordement, ou plutôt l'échange des marchandises entre ces petits vapeurs et les grands navires, se complète à l'aide des canots, car la mer est toujours houleuse et deux navires ne peuvent se placer bord à bord, de sorte que ces opérations sont toujours longues et difficiles.

Ajoutons que Lagos est la résidence du gouverneur général des possessions anglaises de l'Afrique occidentale ; le séjour de la ville est dangereux pour les Européens ; les fièvres paludéennes y sont d'une violence inouïe ; de plus le contact des noirs est insupportable à cause de leur morgue insolente ; ceux-ci étant protégés par des lois spéciales tout à leur avantage, lois faites par quelque philanthrope dans un accès de négrophilisme exagéré.

CHAPITRE VIII. — **Benin.** — **Le Niger.** — **Son commerce actuel.** — **Son avenir.** **Le Bénoué.** — **Bonny.** — **Le Vieux-Calabar.**

A quelques milles à l'est de Lagos, au point où la côte forme brusquement un coude dans la direction du Sud-Est, commence une série d'innombrables criques qui vont dans tous les sens, bien avant dans les terres, et qui toutes communiquent avec la rivière de Benin, qui communique elle-même avec le Niger par une de ces criques au-dessous d'Abbo. C'est le commencement de cette vaste région de marécages infects qui forme un arc de cercle très prononcé dont la convexité avance dans le golfe de Guinée du 6° au 4° degré de latitude Sud, et qu'on appelle les bouches du Niger.

Les neuf dixièmes de cette vaste étendue de terrain sont inhabités et inhabitables. Il y a cependant une localité importante à 50 ou 60 kilomètres de la côte, sur la rive gauche d'une grande crique : c'est Wara ; tout le reste du pays est presque entièrement désert, sauf quelques rares endroits où le terrain est élevé de deux mètres au-dessus des eaux moyennes, sur lesquels on trouve quelques cases misérables. Il est matériellement impossible de se rendre d'un village à un autre autrement qu'en pirogue ; par la voie de terre on ne peut faire plus de deux cents mètres sans trouver devant soit un ruisseau ou une crique impossible à traverser au gué, à cause des bords vaseux qui en rendent l'accès impraticable ; souvent les fourrés de palétuviers forment une barrière infranchissable ; des milliers de racines qui s'élèvent parfois à plusieurs mètres au-dessus du sol s'enchevêtrent de toutes parts comme une myriade de chevaux de frise jetés pêle-mêle sur un lit de vase mobile, sur lequel il serait très imprudent de s'aventurer. Ni le feu ni la hache ne peuvent rien contre de telles difficultés.

Dans tout le delta du Niger ainsi qu'aux embouchures de toutes les rivières du golfe de Guinée, on trouve la même nature de terrain. A première vue, le pays paraît être merveilleusement fertile, mais la plus grande partie de cette splendide végétation est absolument improductive ; ce sont des palétuviers, des lataniers, des palmiers nains et une multitude de plantes et de lianes qui forment, d'un arbre à l'autre, un tissu végétal impénétrable. Les plantes dites d'agrément que l'on conserve difficilement dans les serres d'Europe, poussent là avec une vigueur incomparable ; on s'en fera une idée quand je dirai que la plupart des yuccas atteignent la grosseur des arbres des Champs-Elysées à Paris. J'en ai mesuré ayant un mètre cinquante centimètres de circonférence à hauteur d'homme au-dessus du sol.

Benin, Akassa, Brass, Opobo, le Nouveau-Calabar, Bonny, etc., sont autant de pays isolés au milieu des marécages ; la moindre langue de terre est utilisée et occupée par une case, autour de laquelle croissent quelques légumes pour la nourriture de ses habitants. Souvent des remblais sont nécessaires et l'on rapporte de la terre à grand' peine pour la préparation d'un emplacement suffisant à l'installation d'une factorerie.

Brass et Akassa sont les points les plus importants des bouches du Niger. C'est à Brass que sont les entrepôts des deux maisons françaises établies au Niger et au Bénoué : *La Société française de l'Afrique équatoriale*, qui a pris la suite des comptoirs créés par le comte de Semellé, et la *Société du Sénégal et de la côte occidentale d'Afrique*, ancienne maison Vermink.

A Bonny, point situé à six heures de vapeur de Brass, il y a plusieurs comptoirs anglais assez importants ; c'est la tête de ligne du service des steamers anglais et le lieu de concentration de toutes les marchandises qui s'échangent sur les bords des innombrables rivières de second ordre de cette contrée dans lesquelles les grands vapeurs ne peuvent pénétrer. Pour desservir ces factoreries la Compagnie des steamers possède un certain nombre de petits vapeurs dont le tonnage varie entre 200 et 1.500 tonnes, lesquels portent les marchandises d'Europe dans les entrepôts de chaque maison et en rapportent à l'entrepôt général de la Compagnie les produits indigènes à destination d'Europe.

C'est à Bonny que les grands vapeurs prennent la plus grande partie de leurs chargements, la rivière de Bonny étant la seule pouvant porter des navires calant 20 pieds. Cette rivière est large et le courant est moins rapide que toutes celles du voisinage qui ont plus ou moins de rapports avec le Niger, dont toutes les ramifications ne sont pas entièrement connues.

On peut se rendre de Bonny au Vieux-Calabar par différentes criques qui abrègent considérablement la route par mer.

Les bassins du Niger et du Bénoué, son principal affluent, possèdent des richesses incalculables. Abbo, Onitscha, Idda, Igbébé, Lokodja, Loko, Shunga, Yola, Egga, Wennighi, etc., sont des points aujourd'hui connus ; mais qui pourrait évaluer les trésors des contrées encore inexplorées du Nupé, du Yoruba, du Gando, de l'Adamaoua, etc. ; enfin de cette contrée mystérieuse connue sous le nom du Soudan central ? Cet espace immense situé entre le 5e degré de latitude Nord au 4e degré de latitude Sud, du 30e au 45e degré de longitude Est du méridien de l'île de Fer, où nul Européen n'a encore pénétré, au milieu duquel se dresse, menaçant pour notre civilisation, un formidable point interrogatif !

C'est en grande partie du Soudan central que l'on apporte à la côte et dans les factoreries établies sur les cours d'eau du golfe de Guinée, la grande quantité d'ivoire connu sous la dénomination d' « ivoire d'Afrique. »

Celle que l'on tire du Gabon, de l'Ogowé et du Congo n'a pas d'autre provenance ; il en est de même de celle qui s'achète sur la côte orientale où elle est transportée par des caravanes venant de ce côté.

D'après les directions que semblent prendre les principaux cours d'eau qui coulent aux environs de l'Equateur, sauf le Niger, il y a tout lieu de supposer que plusieurs lacs importants se trouvent dans cette partie du Soudan ; entre autres le fameux lac Liba à la recherche duquel tant d'explorateurs ont déjà échoué, et qui cependant existe au dire de quelques indigènes qui ont fait partie des caravanes venant de ses bords.

Il est certain qu'indépendamment des grands lacs Victoria-Nyanza et Albert-Nyanza, qui donnent naissance au Nil, il existe d'autres lacs importants, entre autres le lac Tanganika ; mais outre ceux-ci, il est non moins certain que d'autres grands lacs sont la source d'un certain nombre des cours d'eau de la côte de Guinée, et il n'y aurait rien d'étonnant, d'après la direction que ces cours d'eau semblent prendre, que le Congo et le Bénoué aient une source unique qui pourrait bien être le lac Liba.

Indépendamment de la masse d'ivoire que l'on tire annuellement du Soudan, cette contrée possède des trésors inépuisables en produits végétaux ; l'huile de palme, les amandes de palme, le beurre végétal connu par les indigènes sous la dénomination de *chabota*, les bois d'ébène et de santal, la gomme copal, le caoutchouc, toutes marchandises très recherchées par notre industrie.

Sauf l'ivoire et la gomme qui peuvent être transportés par les caravanes, les autres produits sont forcément délaissés faute de moyens de transport, et tous ceux qui se vendent sur nos marchés d'Europe proviennent de la côte ou des bords de quelques cours d'eau. Sur la côte même, où les négociants d'Europe achètent les produits indigènes, la plus grande partie se perd sans profit pour personne à cause de l'ignorance dans laquelle se trouvent les noirs au point de vue de la valeur de ces produits.

Le caoutchouc, par exemple, n'est guère connu qu'au Gabon et sur les bords de l'Ogowé ; il en est de même de l'ébène et du santal ; cependant ces trois produits se trouvent partout dans l'Afrique équatoriale ; il suffirait de les faire connaître aux indigènes et de leur indiquer les moyens de se les procurer.

A l'ouest du massif du Cameroon j'ai vu des caoutchoutiers en grand nombre, et je peux affirmer que ce sont des caoutchoutiers productifs, car je les ai expérimentés à plusieurs endroits ; cependant personne ne songe à tirer parti de cette richesse naturelle, qui donne peu de peine à exploiter et se vend très cher à l'industrie.

Il est bon de savoir que tous les arbres de la famille des euphorbiacés ne sont pas bons à exploiter ; il y en a qui atteignent une taille gigantesque qui ne fournissent pas deux livres de suc, tandis que d'autres plus petits, comme l'hervéa, peuvent en fournir plusieurs kilogrammes.

Un moyen pratique pour reconnaître les bons producteurs, sans être obligé de recourir à la *saignée*, est d'examiner attentivement les branches et les racines des arbres ; quand ceux-ci ont des branches tortueuses, la végétation d'apparence chétive, que les racines semblent s'enfoncer à grand'peine dans le sol, que la plupart des grosses branches et une partie du tronc semblent avoir été en contact avec le feu, on est sûr d'avoir devant soit un excellent producteur de suc. Ces arbres-là ne viennent guère plus gros que nos mûriers du midi de la France auxquels ils ressemblent vaguement; mais le producteur par excellence est le caoutchoutier liane, parasite de certains gros arbres des forêts africaines.

Quand on n'est pas au courant de certaines singularités africaines, on est très surpris de voir des arbres porter à la fois des feuilles de forme et de couleurs différentes. En Europe ce phénomène n'a rien de surprenant, car c'est là le résultat d'un greffage savamment pratiqué; mais, dans l'Afrique équatoriale, peut-on s'attendre au greffage des arbres d'une forêt vierge ?

En examinant de près ces arbres singuliers on n'aperçoit tout d'abord qu'un seul tronc, mais avec un peu d'attention on voit à trois ou quatre mètres du sol, dans une crevasse de l'écorce ou sur la bifurcation des branches, quelques petites racines de couleur gris-rougeâtre qui se cramponnent à l'écorce de l'arbre comme le lierre de nos contrées; peu à peu ces racines sont plus grosses, au fur et à mesure qu'elles s'élèvent, et finissent par atteindre la grosseur du poignet, puis elles se séparent et forment plusieurs rameaux qui se mélangent avec les branches de l'arbre nourricier jusqu'à son sommet. C'est le caoutchoutier liane.

Si on pratique une incision, quelle qu'elle soit, une sève blanche comme le lait coule immédiatement d'autant plus abondante que l'incision sera plus grande. On n'a qu'à recueillir cette sève dans un récipient quelconque, le contact de l'air la durcit peu à peu, la couleur devient brune, dès lors on a la gomme élastique à l'état brut.

On achète ce produit à raison de deux schellings (2 fr. 50) le kilogramme dans notre colonie du Gabon ; ce prix est payé en marchandises, c'est-à-dire qu'il ne revient qu'à 1 fr. 50 environ. On sait que sur les marchés d'Europe le caoutchouc brut coûte de 5 à 10 francs le kilogramme selon sa provenance.

Du jour où nos compatriotes voudront se livrer à l'exploitation des caoutchoutiers, qu'ils auront appris aux noirs de l'Afrique à les cultiver et à apporter la gomme dans les factoreries, ils seront assurés de faire de brillantes affaires.

Déjà l'année dernière la *Société française de l'Afrique équatoriale* a dépêché un de ses agents, M. Muiron, à Weninghi, sur le Bénoué, dans le but de former les indigènes riverains de ce cours d'eau à la culture du caoutchoutier, mais la mort est venue surprendre ce courageux voyageur au cours de sa mission au mois de novembre 1883.

Au-dessous de Bonny la côte se dirige directement à l'Est jusqu'au Vieux-Calabar. Là comme dans la partie comprise entre le Volta et le Niger, la côte est toujours basse et boisée, découpée de temps en temps par des criques ou des petites rivières qui en font autant de terres marécageuses dont la richesse de végétation flatte la vue sans être le moins du monde productive; ce sont toujours des mangliers ou palétuviers, des palmiers et des lianes sans nombre ; la richesse de végétation n'est donc réelle qu'à une certaine distance dans l'intérieur, sur les plateaux plus élevés que les bords marécageux des rivières.

On passe ainsi devant la petite rivière d'Andony, dont la rive gauche est absolument inabordable, devant quelques criques peu connues et peu importantes, et on arrive ensuite devant la rivière du Vieux-Calabar.

La navigation de cette rivière est assez difficile à cause des nombreux bancs de sable qui s'y trouvent, plusieurs criques ont leurs embouchures sur ce cours d'eau, de sorte qu'il faut une grande habitude de ces parages pour ne pas se tromper.

Le Vieux-Calabar est à une distance d'environ 30 milles de l'embouchure de la rivière à laquelle il a donné le nom ; c'est un groupe de trois villages dont le second est de beaucoup plus important que les deux autres.

Toutes les factoreries de la rivière appartiennent à des maisons anglaises; ces factoreries sont installées sur des pontons mouillés vers le milieu de la rivière.

La plus grande partie du commerce se fait dans le cours supérieur de ce cours d'eau ou sur ses affluents. Ce sont les traitants qui alimentent le commerce et qui font toutes les transactions.

Les produits sont l'huile et les amandes de palme, le beurre végétal, les noix de coco et l'ivoire.

Les marchandises d'échange sont le gin, le rhum de traite, les étoffes de Guinée, le tabac en feuilles, le biscuit de mer, les baguettes de cuivre, les fusils à pierre, la poudre de traite, le sel gemme, enfin toutes les marchandises que l'on échange dans le bassin du Niger, de plus les vieux habits et les parapluies s'écoulent facilement.

Comme sur beaucoup de points de la côte, il est assez difficile aux navires de se ravitailler ; cependant on éprouve au Vieux-Calabar moins de difficulté qu'ailleurs.

On peut se procurer, mais en petite quantité, des bœufs de petite taille, des chèvres, des petits moutons de la race particulière à la côte occidentale d'Afrique, des cochons et des poules: quelque peu de poisson, le tout d'une saveur plus que médiocre et qu'il faut payer assez cher. Les fruits, tous mauvais par suite du défaut de culture, l'orange, le citron, la banane, la papaye et quelques plantes potagères comme le pourpier doré et une espèce d'épinard sauvage qui croît sur le bord des ruisseaux. On peut aussi se procurer des choux palmistes, mais il faut charger quelqu'un spécialement pour cela, car les naturels ne s'en préoccupent pas, et c'est toujours assez difficile d'abattre un palmier au milieu des fourrés inextricables, entourés de ronces et de lianes enchevêtrées, souvent dans des endroits marécageux.

Dans ces parages, la saison des pluies commence en mars pour finir en septembre ; c'est l'époque la plus favorable aux Européens. Pendant cette saison, les tornades sont très fréquentes et d'une très grande violence ; le thermomètre varie de 30 à 35 degrés centigrades à l'ombre et à l'air libre.

La population présente quelques déviations physiques qui servent à la distinguer des autres tribus de même souche. Ils sont généralement de petite stature et de formes dégagées ; la peau est d'une nuance jaunâtre assez claire. Le tronc et d'autres parties du corps sont en rapport avec cette configuration physique ; les membres sont assez robustes et bien proportionnés, avec une propension à un grand développement musculaire. Les jeunes filles ont les cheveux rasés, sauf une petite touffe, et il ne leur est permis de les laisser croître qu'après leur mariage ; elles les disposent alors en un certain nombre de tresses qu'elles ornent parfois de grains de verroterie.

Chez ce peuple, plusieurs parties du corps, particulièrement la face, sont tatouées de figures circulaires ; le dessus de l'avant-bras, chez les hommes aussi bien que chez les femmes, est orné d'empreintes de forme ronde de la dimension d'une pièce de monnaie. Les femmes se tatouent la poitrine et les épaules de dessins dont la bizarrerie ne le cède en rien aux autres peuples africains.

Un simple contrat entre les parties constitue la loi du mariage. Avant de demeurer définitivement ensemble, les deux époux se tiennent assis plusieurs jours au milieu d'un certain appareil de fête, bien accompagnés et dans leur plus belle parure.

La polygamie existe chez eux dans toute sa force. L'adultère s'expie par une mort terrible. Au nombre de leurs rites funéraires, il y en a un qui consiste à immoler un certain nombre de femmes, d'hommes et d'enfants. Disons cependant, à la louange des indigènes du Vieux-Calabar, que ces coutumes barbares tendent de plus en plus à disparaître et qu'on ne les retrouve encore que dans le haut de la rivière et dans les environs à une assez grande distance du village du Vieux-Calabar proprement dit. Où il y a des Européens établis, ces cérémonies ne se font plus qu'en cachette et à de rares intervalles ; là la civilisation a déjà porté ses fruits, grâce aux rapports journaliers que les noirs ont avec les blancs et aux nombreuses missions anglicanes échelonnées le long de la rivière jusqu'à une grande distance dans l'intérieur. Actuellement il n'est pas rare de voir des indigènes sachant lire et écrire, mais cela ne les empêche pas d'être superstitieux à l'excès et de se livrer aux cérémonies barbares enseignées par leurs pères.

Ce peuple excelle dans la fabrication des nattes, de quelques pièces d'étoffe et des calottes qu'il tisse avec des fibres tirées du bananier. Ces tissus sont d'une grande finesse, étant donnée la matière textile employée ; ils sont très souples au toucher et teints de couleurs variées.

CHAPITRE IX. — **Le Rio-del-Rey. — Le Rumby. — La baie Ambaz et le massif du Cameroon. — La rivière Bimbia et les habitants de Willam-Town.**

Un peu au-dessous de l'embouchure de la rivière du Vieux-Calabar, la côte décrit un arc de cercle assez prononcé qui forme le golfe de Biafra, puis elle se dirige en ligne droite vers le Sud, jusqu'à la hauteur de l'île du Prince, par 1° 40' de latitude Nord.

On passe d'abord devant le Rio-del-Rey, dont les rives sont suffisamment élevées pour ne pas craindre d'être submergées en temps de haute marée ; mais des bancs de sable vaseux qui se prolongent au large en rendent l'accès difficile.

Le Rio-del-Rey n'est pas une rivière proprement dite, comme on serait tenté de le croire en voyant la carte, mais un vaste estuaire envahi par les alluvions qu'y charrient de nombreuses criques ; aussi ses eaux, peu profondes, ne pourraient-elles recevoir que les navires d'un faible tonnage.

Les terres qui l'avoisinent sont hautes, surtout à l'Est où l'on commence à apercevoir les hautes montagnes du Cameroon.

Plusieurs criques importantes débouchent dans l'estuaire du Rio-del-Rey ; la plus importante et la plus avancée dans l'intérieur est celle située à l'Ouest. Cette crique est interrompue à environ quinze lieues de son embouchure par des rochers formant cataractes ; il y en a une autre qui communique, dit-on, avec le Vieux-Calabar, et qui est fréquentée par les indigènes qui se rendent dans les factoreries de cette localité pour faire des échanges de marchandises.

Malgré son peu de profondeur, le Rio-del-Rey est un excellent point pour l'établissement d'une factorerie ; les produits y sont en abondance et les environs sont très boisés ; les essences des forêts sont variées et leur exploitation donnerait d'importants bénéfices.

Viennent ensuite plusieurs cours d'eau d'une certaine importance, notamment le Rumby, dont le nom lui a été donné parce qu'on a cru que cette rivière prenait sa source au pied du mont Rumby, ce qui est matériellement impossible, étant donné que cette montagne n'est pas le moins du monde au Nord-Ouest du massif du Cameroon, mais bien à l'Est-Nord-Est. Du reste, le professeur allemand Mann, qui a parcouru les environs de ce massif il y a une vingtaine d'années, a trouvé à la place indiquée sur les cartes, comme étant occupée par le mont Rumby, le lac Balumby-Bokotta. Cette rivière semble plutôt prendre naissance dans une des gorges profondes des monts Cameroon ou peut-être sort-elle du lac Balumby-Bokotta même.

Indépendamment de ce cours d'eau, il en existe un autre que les cartes indiquent seulement par son embouchure et qui est entre le Rio-del-Rey et le Rumby, à peu près à égale distance de ces deux rivières.

Cette troisième rivière est moins profonde que ses deux voisines à son embouchure, mais, au fur et à mesure que l'on avance, sa profondeur augmente. Pour y accéder, il faut longer la rive gauche pendant un demi-mille, puis faire un crochet dans la direction du N.-O. pour pouvoir passer entre deux bancs de vase qui forment un chenal ; on peut ensuite remonter la rivière jusqu'à un petit village qui se trouve sur la rive gauche à environ seize milles de la côte, au pied d'un rapide que les indigènes peuvent franchir avec leurs pirogues.

D'après les habitants de ce village, il existerait au delà du rapide un autre village beaucoup plus important et la rivière aurait un cours de trois journées de pirogue, c'est-à-dire trente lieues environ.

Les indigènes de cette contrée semblent très sociables ; les produits oléagineux sont abondants ; plusieurs chutes d'eau pourraient être avantageusement utilisées sur les flancs des montagnes riveraines pour l'exploitation des forêts dont les essences sont presque toutes utilisables pour l'ébénisterie et la construction ; la région des palétuviers ne s'étend pas au delà de deux milles de la côte et l'air qu'on y respire est plus sain que sur le bord de la mer.

Le mont Cameroon n'est pas très éloigné de ce point et les montagnes qui baignent la rive gauche du Rumby en sont les contreforts. Vue du large, cette importante montagne paraît s'élever en pente douce et continue à partir de la mer ; mais quand on s'approche on découvre un nombre considérable de collines et de vallées qui entourent le grand pic ; toutes ces collines sont couvertes de magnifiques forêts et le sol est d'une prodigieuse fertilité.

L'origine de toute cette contrée est volcanique ; les scories et les nombreuses coulées de lave qui atteignent parfois jusqu'à la mer le prouvent surabondamment.

A en juger par l'état actuel de la surface du sol, le pays doit être en repos depuis de longues années, bien qu'il y ait lieu de croire que ses feux intérieurs laissent de temps en temps échapper de la fumée.

Les habitants des environs, âgés de cinquante à cinquante-cinq ans, disent se rappeler avoir vu le feu sortir de terre, et ils ajoutent que « c'est Dieu qui l'a fait » pour indiquer qu'il ne fallait pas attribuer ce feu à la combustion des herbes sèches que les noirs de cette contrée ont l'habitude de brûler pour chasser les reptiles et les bêtes sauvages.

Autrefois les Portugais appelaient le mont Cameroon *Tierra alta de Ambazes*, du nom de la baie Ambaz — Amboise en français — qui est située au pied du massif sur le versant Sud.

Les naturels désignent le grand pic par le nom de *Mungo-ma-Lumbah* — montagne de Dieu — la partie qui se trouve du côté de l'intérieur *Ma-kolima-Pako*, et le pic isolé qui est près de la baie, *Mungo-ma-Etindeh*.

En face, à la distance de sept ou huit lieues, on voit l'île de Fernando-Po, autre masse basaltique. « On peut supposer, dit M. l'amiral E. Bouët-Villaumez, que cette masse énorme, séparée seulement par un canal de six lieues de Fernando-Po, autre masse basaltique du même genre, devait se relier à cette île avant qu'un cataclysme du globe vînt jeter l'une sur le rivage et l'autre à une dizaine de lieues dans l'Océan. »

Jusqu'en 1841, le massif du Cameroon est resté presque inconnu ; mais, à cette époque, le capitaine Allen, de la marine anglaise, a fait une étude très attentive de ses environs.

Comme tous les marins et les géographes, M. Allen ne s'est occupé que de la partie scientifique et il n'a effleuré que très superficiellement la partie commerciale. L'importance de cette contrée mérite que cette lacune soit comblée. Les Anglais et les Allemands ont profité des descriptions qui en ont été faites par MM. Allen et Mann ; malgré l'absence de renseignements relatifs au commerce, ils ont compris l'importance du Cameroon, et si les Français avaient suivi avec plus d'attention les travaux de M. Bouët-Villaumez, nul doute que notre drapeau flotterait aussi dans ces parages depuis longtemps.

La baie Ambaz est un point de la côte merveilleusement situé pour une station commerciale ; les environs abondent en produits de toute sorte, le mouillage de la baie est excellent pour les navires de tous tonnages ; aussi elle n'a pas tardé à être accaparée par les Anglais, non pas par les Anglais négociants, échangeant avec les indigènes les produits d'Europe contre leurs produits naturels, mais par quelques missionnaires anglais qui ont acheté tous les environs de la baie dans un rayon de cinq milles autour de l'établissement de la mission, sauf les îles Mendoleh, Dameh et Babia.

Ces îles, de peu d'importance, du reste, servent d'abri naturel à la baie Ambaz, en la garantissant des vents du large.

Les missionnaires, une fois établis, ont nommé la baie Ambaz baie Victoria, du nom de leur souveraine ; ils ont fait une constitution et ils jouissent d'une autonomie absolue (1).

Ils ont une police pour faire exécuter leurs lois autoritaires et despotiques vis-à-vis les négociants auxquels il est interdit de vendre des spiritueux dans toute l'étendue du territoire de la mission.

Si l'on pense que les spiritueux sont la meilleure source des bénéfices du commerce africain, on comprendra aisément pourquoi, malgré l'excellence de la situation, les négociants s'abstiennent de s'y fixer.

Ces missionnaires se sont figurés qu'en proscrivant le commerce des liqueurs fortes sur leur terrain, les naturels ne s'adonneraient pas à l'ivrognerie ; autant vaudrait-il essayer la végétation de pousser que d'essayer d'empêcher un noir de boire : ce que ces derniers ne peuvent se procurer ici, ils vont le chercher ailleurs, ce qui revient au même. Aussi, à Victoria, il n'y a qu'une petite factorerie appartenant à M. Wœrmann, laquelle, vu le peu d'importance de la vente, est gérée par un noir de Lagos. Ces missionnaires fanatiques qui, sous prétexte de tempérance et d'humanité, mettent des entraves à la liberté qu'ils osent invoquer dans leurs fastidieux sermons, sont, avec juste raison, laissés de côté par les gens sensés, et les négociants s'établissent à quelques milles de distance, ce qui ne les empêche pas d'acheter les produits des indigènes.

Ils ont bien tenté d'attirer les colons en créant des plantations de caféiers et de cacaoyers : ces arbustes sont d'une belle venue, mais les bras leur manquent pour les cultiver.

Laissons les missionnaires à leur mission et disons quelques mots des îles de la baie avant de clore ce chapitre.

Les deux principales de ces îles sont l'île Mendoleh et l'île Dameh. La première, qui est la plus près de la côte, est seule habitée par une dizaine de familles dont le village occupe le sommet de l'île, qui a une altitude de 66 mètres. Leurs huttes sont des plus misérables, et les habitants le sont encore plus.

L'eau fait presque entièrement défaut sur cette île ; sauf une petite excavation située à mi-côte du côté Est, qui laisse échapper un mince filet d'eau, cette terre serait absolument dépourvue de cet indispensable liquide.

Le seul atterrissage de l'île est situé au Sud-Est ; la base est, comme l'île en général, formée de basalte décomposé. Ses flancs sont abruptes et d'un accès difficile ; c'est en grimpant le long d'un étroit sentier, au travers duquel de nombreuses racines émer-

(1) La baie Ambaz appartient aujourd'hui aux Allemands, lesquels en ont pris possession au commencement de l'année 1884 malgré la protestation des Anglais et du roi Bell qui prétend avoir un droit de suzeraineté sur tout le Cameroun.

Les noirs de Bell s'étant révoltés, le docteur Nachtigal, commandant l'expédition allemande, a brûlé leurs villages et les a ensuite forcé à les reconstruire. Quelques noirs ont été passés par les armes à titre d'exemple. *(Note de l'auteur.)*

gent à fleur de terre et servent comme de marches d'escalier, que l'on arrive à son sommet.

La première visite que je fis à cette île date du dimanche 28 avril 1883; je fus reçu par un noir nommé Akéma, qui se donne pompeusement le titre de roi; il était accompagné d'une demi-douzaine de ses *sujets*, qui aidèrent mes canotiers à mettre mon embarcation à sec sur les rochers, puis, guidé par eux, je visitai le village.

Akéma me fit les honneurs de sa case, misérable hutte délabrée comme toutes celles de son *royaume*; il me présenta à sa principale épouse, vieille négresse édentée et ridée comme une pomme reinette, qui me reçut comme un chien dans un jeu de quilles; il est vrai que je venais d'entrer juste au moment où cette Majesté exotique était gravement occupée à faire flamber des chauves-souris d'une taille gigantesque.

Je crus d'abord avoir sous les yeux des jeunes chiens comme j'en avais vu quelques-uns rôder autour des cases d'un air méfiant à mon égard, mais en examinant de plus près, je reconnus dans ce gibier, d'espèce nouvelle pour moi, d'énormes chauves-souris que j'avais remarquées dans la matinée, voltigeant sur les grands arbres de l'île.

Akéma, plus prévenant que son auguste moitié, voulut m'en faire goûter, en m'assurant que c'était exquis, mais je l'en remerciai d'autant plus volontiers que l'odeur de duvet brûlé et de graisse calcinée commençait à me prendre à la gorge et j'avais hâte de sortir de la demeure royale.

Une fois hors de la case et pour reconnaître l'hospitalité que ce bon Akéma m'offrait avec toute la grâce dont il est capable, il me fut facile d'abattre d'un coup de fusil plusieurs chauves-souris; en trois coups tirés sur deux gros arbres, je l'approvisionnais pour une demi-semaine de son gibier favori. Dire avec quelles démonstrations de joie Akéma et les siens ramassaient ces pauvres mammifères ailés, serait au-dessus de mon faible talent d'écrivain. Il n'est pas de gambades et de contorsions grotesques qui ne fussent exécutées pour m'exprimer dans les termes les plus absolus leur plus vive reconnaissance. *Sa Majesté* la reine daigna même interrompre sa cuisine royale pour me remercier; elle avait laissé à l'intérieur de sa case l'air rogue de tout à l'heure, son contentement s'exprimait par des cris aigus et des rires bruyants qui la faisaient ressembler à une diablesse enragée.

Je poussai mes largesses jusqu'à leur donner quelques galettes de biscuit et un peu de rhum qui restait au fond d'un bidon de campagne. Ce soir-là, on fit bombance dans la case royale de Mendolch.

L'île Dameh est inhabitée; ses flancs sont abruptes et entièrement recouverts de broussailles. Ce n'est, en réalité, qu'une étroite bande de rochers élevés à son extrémité Sud.

L'île Babia est encore plus aride que l'île Dameh. Elle paraît être le reste d'une île plus grande et les nombreux fragments détachés et battus par la mer qui l'entourent, témoignent qu'elle a été autrefois beaucoup plus grande. Il est même probable qu'elle était jadis unie au continent; la structure des falaises à pic qui sont vis-à-vis, et qui n'en sont séparées que par un canal étroit et peu profond, le prouve suffisamment.

La destruction de cette île continue tous les jours, ainsi qu'on le voit par d'énormes fragments de rochers tombés depuis peu de temps vers la pointe Nord de l'île. Quoiqu'elle soit plus petite que les deux autres, sa population est nombreuse. Chaque point de sa surface inégale, où il est possible d'établir une cabane, en porte une. Elle est à pic de tous les côtés, et on ne peut arriver au sommet qu'en escaladant une espèce de basalte; c'est un passage vertigineux, où l'on ne peut passer que un à un, et qu'un enfant pourrait défendre.

Les habitants doivent probablement à leur position la réputation de pirates que leurs voisins leur donnent. Leur aspect est féroce, mais on n'a jamais entendu dire qu'ils se soient livrés à aucun acte de piraterie. Ce sont les plus habiles pêcheurs de la côte et ils échangent le produit de leur pêche contre des plantains et des ignames que leur procurent leurs voisins du continent.

De la baie Ambaz à l'embouchure de la rivière Cameroon, il y a une distance de vingt milles environ. On franchit cette distance en quelques heures en passant devant la rivière Bimbia, qui coule à l'Est du massif montagneux et vient se jeter à la mer à peu de distance, entre les monts et la rivière de Cameroon.

Le cours de la rivière Bimbia ne doit pas avoir plus de 80 à 90 kilomètres; elle semble prendre sa source dans une gorge du massif, dans la direction de Bokundo, et elle est alimentée par un grand nombre de petits affluents. Son accès est difficile à son embouchure, à cause d'une forte barre et des bancs de rochers à fleur d'eau, forment une ligne d'écueils de chaque côté qui s'avance dans la mer.

Le premier village que l'on trouve sur la rive droite, est Willam-Town, mais plus haut il y en a un grand nombre qui se trouvent plus ou moins près des bords de la rivière.

La rive gauche est inhabitable jusqu'à une grande distance, à cause de la nature marécageuse du sol.

Une seule factorerie est établie sur tout le parcours de ce cours d'eau; elle est à Willam-Town, et elle appartient à M. Woermann.

Tous les villages riverains sont placés sous l'autorité du roi Willam, mais quelques-uns ne reconnaissent que très imparfaitement le droit de suzeraineté de ce chef et vivent même en assez mauvaise intelligence avec leurs voisins.

Envers les Européens, ces noirs sont assez hospitaliers, mais, entre eux, ils sont féroces et vindicatifs. Un seul trait de leurs mœurs peut donner une idée de leur caractère.

Dans le courant du mois de mai 1883, un habitant de Willam-Town avait, dans un accident de chasse, blessé mortellement une femme d'un village voisin. Les parents de celle-ci réclamaient une indemnité, mais leur demande fut rejetée; il y eut de nombreux palabres à ce sujet, au cours desquels il fut décidé qu'on se vengerait. Ce qui fut dit fut fait; ils s'emparèrent d'un habitant de Willam-Town et lui tranchèrent la tête en petit comité.

Naturellement, cet acte de représailles n'était pas de nature à apaiser les esprits, les sujets de Willam criaient vengeance et un beau jour une femme du village ennemi tomba dans une embuscade qu'on avait tendue dans l'intention de s'emparer du premier venu, on lui arracha les mamelles et on la décapita séance tenante. Cela ne pouvait finir ainsi.

Quelques jours après, malgré une surveillance des plus actives de part et d'autre, des hommes parvenaient à s'emparer du propre fils du roi Willam, âgé de quatorze à quinze ans, on lui arrachait les yeux, les ongles, on lui brisait les membres, puis, semblables à des vautours affamés, ses bourreaux lui ouvraient le ventre tout vivant, on lui arrachait le cœur et les entrailles, qu'on exposait tout palpitant, fiché au bout d'une perche, sur le bord de la rivière.

Le directeur de la factorerie n'a pas jugé à propos d'intervenir dans ce tournoi de cruauté; il a préféré garder une prudente neutralité, afin de ménager la chèvre et le chou, mais il n'était assurément pas à son aise, car, dans le camp ennemi, il passait pour donner des conseils à Willam.

CHAPITRE X. — La rivière Cameroon. — Origine de son nom. — Factoreries anglaises et factoreries allemandes. — Commerce du pays. — Les Duellas. Avantages des pontons sur les maisons.

Huit kilomètres de côte seulement séparent l'embouchure de la rivière Bimbia de celle du Cameroon ; deux criques font communiquer ces rivières entre elles.

Tout cet espace de terrain, bien avant dans l'intérieur, est pour ainsi dire inhabité ; par ci par là quelques cabanes de pêcheurs, mais aucun village ; la végétation est exclusivement composée de palétuviers et de palmiers-bambous absolument improductifs. Le terrain, du reste, ne peut être cultivé à cause de son niveau peu élevé ; les jours de grande marée tout est sous l'eau.

La rivière de Cameroon n'est, comme le Rio-Grande, le Gabon, etc., qu'un estuaire servant de bassin à plusieurs cours d'eau qui viennent s'y jeter. Celui qui vient de l'E.-N.-E. étant le plus considérable, a reçu le nom de Cameroon. — Les Anglais écrivent Cameroons — à cause des invasions périodiques d'une espèce de chevrette que les Portugais appellent *camaraos ;* de là le mot cameroon.

Les naturels, suivant un usage très répandu sur la côte occidentale d'Afrique, lui donnent le nom du pays qu'elle traverse ; ainsi devant le village du roi Aqua, on l'appelle *Ma-diba-ma-Aqua,* plus loin *Ma-diba-ma-Didos,* etc., suivant qu'elle passe sur les territoires des rois Aqua ou Didos, mais cette dénomination semble se perdre depuis que les Anglais sont allés s'établir dans le pays ; la création de plusieurs écoles dans les environs a répandu parmi la population duella l'usage de la langue anglaise, et pour faire preuve d'érudition, les noirs appellent volontiers leur rivière des noms de *Aqua-river, Didos-river, Bell-river,* etc. ; il n'est pas jusqu'aux illettrés qui ne connaissent ces appellations plus modernes et ils s'en servent avec une certaine vanité.

On ne retrouve la langue duella que parmi les vieillards et dans le cours supérieur de la rivière ; à de rares intervalles, un indigène saluera un Européen en terme duella : *Amdala,* ou bien encore il demandera de l'eau-de-vie : *Bulumbá-ma-niô tafia,* mais en général c'est en anglais que les noirs adressent la parole aux blancs et beaucoup d'entre eux s'expriment dans cette langue même dans leurs familles.

Les Européens établis sur la rivière de Cameroon sont tous réunis sur les territoires des rois Bell, Aqua et Didos, à environ dix-huit milles de la mer, sur la rive gauche ; un seul négociant a établi ses magasins sur la rive droite ; c'est M. Allen, proche parent du capitaine de ce nom, un des premiers explorateurs du Cameroon.

M. Allen habite cette contrée depuis dix-neuf ans et il y fait d'importantes affaires.

Toutes les factoreries, à l'exception de deux, sont installées sur des pontons, mouillés vers le milieu de la rivière, et disposés de façon à servir de logement aux personnels blanc et noir, et de magasin pour les marchandises. Il n'y a à terre que le matériel encombrant : fûts vides, douelles et cercles de barriques et la poudre. Ces pontons ont un immense avantage sur les maisons et les magasins construits à terre par rapport à la santé et à la manutention des marchandises.

Sur un ponton l'air y circule librement par toutes les ouvertures, que l'on a soin de laisser le plus grandes possibles, de la maisonnette que l'on construit sur l'arrière, et qui a tout le confortable d'une maison d'Europe ; une toiture en zinc garantit le pont des ardents rayons du soleil, de sorte que le blanc comme le noir sont constamment à l'ombre pour vaquer à leurs affaires ; de plus, l'eau de la pluie est recueillie dans des caisses en fer, de sorte que l'on peut se passer de l'eau des ruisseaux et des puits.

Si un navire apporte des marchandises d'Europe, il n'a qu'à se mettre bord à bord pour opérer son débarquement ; il en est de même des produits indigènes qui sont à expédier. Pendant que la grue de chargement du ponton monte de la cale les *ponchons* (1) d'huile et les sacs d'amandes, la grue du navire qui les prend à son bord les enlève au fur et à mesure et l'économie de temps et de bras est considérable. Parfois l'échange de chargement a lieu simultanément, etc., dans ce cas, la manutention est faite en quelques heures seulement.

Si au contraire la factorerie est installée à terre et qu'elle n'ait pas un warf pour le chargement de ses canots, il faut que ceux-ci soient laissés dans le lit de la rivière à une certaine distance des magasins, porter les marchandises à dos d'homme jusqu'à l'endroit où ils sont, puis, quand leur chargement est complet, on les conduit au navire qui doit les recevoir. Quand il faut charger les lourds ponchons d'huile de palme, on incline le canot sur le bord, on roule les ponchons jusqu'à toucher la lice du canot et là, par un effort vigoureux, une vingtaine d'hommes relèvent l'embarcation pendant que d'autres maintiennent les tonneaux et les accompagnent jusqu'à ce qu'ils soient à leurs places dans le fond.

Cette manœuvre exige un personnel et un matériel d'une certaine importance, et la perte de temps est souvent considérable.

Je dis souvent considérable, car il faut aussi compter avec le courant de la rivière qui est parfois d'une certaine force ; si une embarcation se laisse gagner par ce courant et qu'elle ne puisse atteindre le navire, il lui faut au plus vite gagner la rive et attendre la marée montante pour pouvoir revenir sur ses pas.

On emploie aussi les pirogues indigènes pour ces sortes d'opérations, et celles-ci ont un avantage sur les canots de fabrication européenne parce qu'elles peuvent contenir une plus grande quantité de marchandises. Il y a de ces pirogues qui peuvent contenir sept ou huit ponchons tandis que les plus grands canots n'en contiennent que trois.

Sous tous les rapports, il est donc préférable, pour tous les négociants de la côte occidentale d'Afrique, d'établir leurs factoreries sur des pontons, sur lesquels on est moins dévoré par les myriades de moustiques qui infectent tous les pays intertropicaux.

Il y a actuellement sur le Cameroon sept factoreries-pontons, cinq anglaises et deux allemandes. A terre, sur le bord de la rivière, une anglaise et deux allemandes, mais toutes possèdent de vastes magasins à terre et leurs ateliers de tonnellerie.

Les rapports des indigènes riverains du Cameroon avec les Européens sont excellents ; ils sont intelligents et industrieux et assez civilisés pour comprendre et servir les généreux projets des blancs.

Comme les noirs d'origine géboüe, les noirs Duellas se tatouent certaines parties du corps, principalement la poitrine et la face ; les femmes surtout ressemblent à des hiéroglyphes vivantes. Les tatouages de la poitrine représentent tantôt des figures géométriques, tantôt des dessins tout à fait fantaisistes ou des animaux fantastiques ; il n'est pas jusqu'à la coiffure qui ne représente quelque chose, le plus souvent un serpent enroulé autour de la tête, ayant la tête à côté d'une oreille et la queue près de l'autre au-dessus de la tempe.

Cette coiffure est un chef-d'œuvre de patience ; les cheveux sont tressés et entrelacés par trois ou quatre seulement à la fois et disposés de telle façon que le serpent est parfaitement imité, ayant toutes les formes et les dimensions de ce reptile ; les écailles même sont figurées par l'ondulation naturelle de la chevelure crépue. Les femmes se coiffent entre elles, et il n'est pas rare de les voir travailler une semaine entière à la même coiffure.

____

(1) Tonneaux de 400 à 450 litres.

Les hommes portent ordinairement les cheveux courts et sont, en général, moins tatoués que les femmes, mais ils portent presque tous d'énormes bracelets en ivoire qu'ils taillent dans des défenses d'éléphants. Ces bracelets ont parfois jusqu'à vingt-cinq centimètres de long sur deux d'épaisseur et leur poids dépasse quelquefois un kilogramme chacun.

Pour tailler cet ornement encombrant, ils utilisent la base des défenses, qui est creusée naturellement; puis, avec des outils tout à fait primitifs, ils usent l'ivoire jusqu'à ce que le bracelet ait la forme usitée, c'est-à-dire légèrement évidé au milieu, à l'extérieur, et plus large d'un côté que de l'autre afin que l'avant-bras emboîte bien tout le vide intérieur.

Un grand nombre de Duellas passent ces bracelets à leurs poignets alors qu'ils sont encore adolescents, le membre grossit peu à peu, de sorte qu'il arrive un moment où ils ne peuvent plus les retirer sans les briser, chose qu'ils n'ont garde de faire, car il est de très bon ton parmi eux d'avoir les poignets ainsi emprisonnés.

Le commerce du Cameroon ne diffère guère de celui qui se fait dans toute la Guinée. Les produits sont l'huile, les amandes de palme et l'ivoire.

On peut trouver tous les autres produits de l'Afrique, mais les indigènes ne les connaissent pas. Le caoutchouc, la gomme copal, les bois de teinture et d'ébénisterie s'y trouvent en abondance, mais les négociants, trouvant dans les achats des oléagineux et de l'ivoire une source interminable de bénéfices importants, ne s'en préoccupent point.

Jusqu'à présent, il n'a pas été permis aux Européens d'aller s'établir ailleurs que dans le bas Cameroon, les échanges se font par l'intermédiaire des traitants.

Ces traitants sont des membres de la famille des chefs du pays ou de leurs parents auxquels les chefs des factoreries font des avances de marchandises. Ceux-ci conviennent toujours d'avance avec les chefs que les produits indigènes leur sont livrés à un prix déterminé, de sorte que les marchandises qu'ils remettent aux traitants représentant un chiffre également déterminé, ces derniers doivent livrer telle quantité de produits représentant cette valeur, sauf à eux à réaliser le plus de bénéfices en trafiquant avec leurs congénères de l'intérieur.

Il arrive fréquemment que ces trafiquants restent plusieurs mois sans revenir, mais il est rare qu'ils abusent de la confiance qu'on leur accorde. Ce n'est pas, certes, l'envie de voler qui leur manque, mais ils ont généralement leurs familles dans leurs villages, et, d'autre part, le roi qui a répondu pour eux, trouverait toujours le moyen de leur faire rendre gorge.

Les objets d'Europe les plus demandés dans le bassin du Cameroon sont les spiritueux, les fusils de traite, la poudre de traite, les étoffes, les chapeaux, les parapluies, les vieux habits, la parfumerie, les machettes (1), la poterie, les plats en cuivre, les bougies, les chapeaux de fillettes à fleurs et à plumes, lesquels *sont portés par les hommes et non par les femmes*, comme on pourrait être tenté de le supposer, les marmites en fonte, etc. Ce dernier article est très avantageux et se vend toujours en grande quantité ; pendant que la marmite sert à faire cuire les aliments, son usage est journalier, mais dès qu'elle est hors de service, les noirs en brisent les morceaux pour s'en faire des projectiles pour charger leurs fusils.

Au sujet des prix de toutes les marchandises en général, dans un chapitre de cet ouvrage je donnerai un tableau qui indiquera les bénéfices qu'on peut en tirer.

(1) Coutelas appelé dans notre colonie de la Guyane *sabre d'abatis*.

CHAPITRE XI. — **Affluents du Cameroon.** — **Le Mungo.** — **Bokundo et la route du Soudan central.** — **La rivière Qua-Qua.** — **Malimba.** — **Encore les chevrettes.** — **Pourquoi les blancs ne peuvent pas pénétrer dans l'intérieur.** — **Mots et nombres duellas.**

Quoique ce soit une belle rivière, le Cameroon ne peut pas être comparé au Congo ou au Niger. Sa largeur moyenne, au delà de la partie inondée, est de 550 mètres. Dans la saison sèche, la profondeur, au milieu du lit, varie de 2 à 25 pieds, mais dans la saison des pluies un bâtiment d'une certaine force peut le remonter jusqu'au delà de l'île Wury. En tous temps les navires calant 18 à 20 pieds peuvent évoluer jusqu'à 20 milles de la mer.

Les affluents de droite sont le Mongo et le Yabiang. Ces rivières ont une certaine importance, mais elles ne pourraient porter que des navires d'un très faible tonnage ; de plus, à deux jours de pirogue de leurs embouchures, le courant atteint une vitesse de 6 nœuds.

Ces deux rivières auraient, au dire des indigènes, comme le Cameroon lui-même et la rivière Qua-qua, son affluent principal de gauche, leurs sources dans des roches de 60 pieds de haut, ou du moins elles en tombent ; mais jusqu'à présent il n'a pas été possible d'en vérifier l'exactitude. Dès qu'un Européen manifeste l'intention de pénétrer à une certaine distance dans l'intérieur, les chefs lui font signifier l'ordre de s'arrêter ; c'est ainsi qu'en mai 1883 nous avons eu mille peines pour pénétrer jusqu'à Bokundo, village d'une certaine importance situé au nord de la montagne de Cameroon, à cinq jours de pirogue de Bell-Town, sur la rive droite du Mungo, mais à une quinzaine de kilomètres de cette rivière. A mi-chemin de Bell-Town à Bokundo, il y a sur la rive droite du Mungo un village important qui porte le nom de cette rivière ; ce sont les chefs de ce village qui, reconnaissant imparfaitement l'autorité du roi Bell, voulaient s'opposer à notre passage ; ce ne fut qu'après un long palabre et en voyant que nous ne voulions point faire du commerce qu'ils se décidèrent à nous permettre de continuer notre route, malgré un ordre écrit et signé du roi Bell qui nous en donnait l'autorisation.

Bokundo est un village d'environ 2.000 habitants, dont les cases ne forment pour ainsi dire qu'une seule rue longue de plus d'un kilomètre. Il est situé sur le point où se font toutes les transactions avec l'intérieur. Ses environs sont d'une extrême richesse en produits naturels ; il n'est pas jusqu'à l'ivoire qui ne soit en grande quantité.

Les forêts de cette contrée ont un tout autre aspect que celles que l'on voit près de la mer ; la région des palétuviers disparaît pour faire place à des arbres géants, clairsemés ; des clairières nombreuses et des chemins frayés par des troupeaux d'éléphants facilitent la circulation de l'air et rendent le pays plus salubre que sur la côte.

Malgré la grande quantité d'éléphants que l'on trouve aux environs de Bokundo, l'ivoire que l'on y vend vient de l'intérieur du Soudan, car les habitants de ce village sont d'une grande pusillanimité et préfèrent laisser dévaster leur plantations d'igname et de maïs que de faire la chasse à ces pachydermes, desquels ils ont une grande frayeur.

Des caravanes qui arrivent à Bokundo venant du Soudan échangent leurs marchandises soit avec les traitants du Vieux-Calabar soit avec ceux du Cameroon.

Par une lettre adressée à la Société de géographie commerciale de Paris, en date du 10 janvier 1884, mon ami de Rogosinski, avec lequel je me trouvais au Cameroon, annonce qu'il a tenté de pénétrer en avant de Bokundo, mais qu'étant arrivé aux cataractes du Mungo, il a été reçu à coups de fusil par les indigènes ; ses porteurs et ses guides l'ayant abandonné, il a dû revenir sur ses pas à l'île Mondoleh.

Comme on le voit, les difficultés sont grandes pour pénétrer dans le Soudan par Bokundo ; bien que cette route paraisse être une des meilleures, il s'agirait de savoir si, par un autre cours d'eau que le Mungo, on ne pourrait pas tourner les difficultés. Ce problème me semble facile à résoudre par les affluents de la rive gauche du Cameroon, le Qua-qua, qui est la même rivière indiquée sur quelques cartes sous le nom de Lungazi, l'Edéa et le Malimba.

Quant à ce dernier cours d'eau, son existence est encore problématique, car, bien qu'il soit connu à son embouchure comme une rivière importante, quelques indigènes prétendent que ce n'est qu'une grande crique dérivée de la rivière Qua-qua, qui vient de l'Est.

L'erreur commise par les géographes, qui consiste à donner à la rivière Qua-qua le nom de Lungazi, vient de ce que le roi de toute cette contrée habite dans une ville de ce nom qui se trouve sur la rivière à environ 50 milles de son embouchure.

Je reviendrai, dans un autre chapitre, sur les rivières Qua-qua et Malimba, celui-ci devant être consacré au Cameroon.

Le cours du Cameroon n'est guère connu au delà de l'île Wury, où une crique réunit les deux branches ; il existe sur son cours supérieur une grande quantité d'îlots bas et couverts de palétuviers ; quelques-uns de ces îlots sont habités quand ceux-ci sont assez élevés au-dessus des eaux et assez spacieux pour contenir deux ou trois familles et quelques champs d'igname. Il en est un, entre autres, qui porte tout un village, dont le chef se nomme Tibo.

On sait par les indigènes, qu'à quatre journées de pirogue de cet archipel, il existe de grandes cataractes qu'il est impossible de franchir avec les embarcations. Les traitants qui vont au delà laissent là leurs pirogues et ils continuent leur route à travers de grandes forêts jusqu'au-dessus de ces cataractes où la rivière continue encore pendant plusieurs journées.

Au dire des naturels, tous les cours d'eau de cette contrée sont obstrués par des rochers hauts de 50 à 60 pieds à peu près à la même distance de la mer, ce qui peut s'expliquer par la chaîne de montagnes qui s'étend vers l'Est à partir du massif du Cameroon et que l'on aperçoit à une distance approximative de 120 kilomètres de Bell-Town.

Je dis d'autre part que le mot Cameroon vient du mot portugais *camaraos*, qui signifie chevrette. D'après le témoignage de quelques noirs intelligents des bords de cette rivière, ainsi que des renseignements recueillis auprès des négociants anglais et allemands établis à Bell-Town, il paraît que tous les quatre ou cinq ans, à l'époque des inondations de septembre, tous les cours d'eau du bassin du Cameroon sont envahis par une quantité telle de chevrettes qu'il suffit de plonger un seau dans l'eau de la rivière pour en pêcher une grande quantité.

Cette invasion ne dure, paraît-il, que quelques jours, et personne, pas même les naturels, ne sait d'où viennent ces crustacés.

Est-ce d'un lac intérieur ? Est-ce d'une des nombreuses criques qui sillonnent de toutes parts ? Mystère.

On pourrait supposer que ces chevrettes sortent de quelque lac déversant ses eaux à la suite des inondations, mais alors pourquoi les invasions ne se produisent-elles que tous les quatre ou cinq ans, alors que tous les ans, à peu près à la même époque, les inondations ont lieu ?

Les personnes qui ont mangé de ces chevrettes disent que leur goût huileux les rendent immangeables.

Il y a tout lieu de supposer que, vers la chaîne de montagnes dont j'ai déjà parlé, de nombreux villages sont situés près des cours d'eau et dans des situations telles que les eaux les envahissent facilement, car il ne se passe pas d'années sans qu'à l'époque des inondations de septembre, les rivières ne charrient des cadavres humains. On sait que certaines peuplades africaines ont l'habitude de jeter leurs morts dans les cours d'eau, mais ici on ne peut supposer ce cas, parce que ces faits n'ont lieu que pendant les inondations ; d'autre part, on a remarqué que la plus grande partie des cadavres ainsi charriés sont ceux de femmes et d'enfants.

Il y a là encore un mystère qui ne sera éclairci que lorsque les Européens auront passé outre aux prétentions des chefs riverains qui ne veulent en aucune façon laisser les négociants s'établir au delà des limites qu'ils ont fixées, à seule fin de conserver le monopole des transactions. Afin de rompre le cercle étroit dans lequel les Européens ont de la peine à se mouvoir, il n'y a qu'à chercher une autre voie pour pénétrer jusqu'au Soudan central ; cette voie nous paraît assez facile à trouver, et dès lors toute l'autorité de Bell et consorts s'évanouira comme un nuage.

Je ne veux pas clore ce chapitre sans indiquer quelques mots de la langue duella, qui a, du reste, une grande analogie avec le bakílé.

NOMBRES :

1 — Poko.	9 — Libukah.	60 — Mu-Muto-bah.
2 — Biba.	10 — Isakah.	70 — Mussam-bah.
3 — Bilolo.	11 — Isaka-na-Poko.	80 — Mulombé.
4 — Bini.	20 — Bangué.	90 — Mulibu-kah.
5 — Bitah.	30 — Sajaô.	100 — Ibéjah.
6 — Mutowah.	40 — Muanj.	
7 — Issambah.	50 — Matanô.	
8 — Elombé.		

Pour exprimer les nombres intermédiaires, il suffit d'ajouter la conjonction *na* et de répéter les unités. Exemple :

Vingt et un, *Bangué-na-Poko ;* vingt-deux, *Bangué-na-Biba,* ainsi de suite jusqu'à quatre-vingt-dix-neuf, *Mulibukah-na-Libukah.*

MOTS :

Je. — *Na.*

J'ai. — *Na-upi.*

Vous. — *Oua.*

Oui. — *é.*

Non. — *Téni.*

Vous avez. — *Oua-upi.*

Avez-vous ? — *E-upi ?*

Je n'ai pas. — *Na-sa-upi.*

Vous n'avez pas ? — *Oua-sa upi ?*

Je sens. — *Nisé.*

Soif. — *Na-Bêka.*

Boire. — *Niô.*

Donnez-moi à boire. — *Bulumba-ma-niô.*

Homme. — *Mamona.*

Femmes. — *Maïlo.*

Enfant. — *Monana.*

Moi. — *Ma.*

Des hommes. — *Bumana.*

Des femmes. — *Baloua-Maïlo.*

Des enfants. — *Ba-ka-tu.*

Comment appelez-vous cela ? — *Néni-ô-Behilé ?*

Bonjour. — *Amaálah.*

Merci. — *Ténah.*

Dans les nombres comme dans les mots, la lettre *u* se prononce *ou.*

CHAPITRE XII. — Les pays de Qua-Qua et de Malimba. — Utilité d'explorer ces pays. — Malimba est colonie française. — Les Allemands au Cameroon. — Une société en formation.

La rivière Qua-Qua (prononcez *Quoi-Quoi*), qui vient se jeter sur la rive gauche de l'estuaire de Cameroon, sépare le territoire soumis à l'autorité du roi Bell et à ses suzerains de celui de Malimba; son volume d'eau est considérable et sa profondeur lui permet de recevoir les navires jaugeant 12 à 1.500 tonnes. On ne connaît pas l'étendue de son cours, mais les naturels disent qu'il est aussi long que celui du Cameroon.

La petite ville de Lungazi est à une assez grande distance de son embouchure. Plusieurs indigènes disent qu'elle est à 80 milles, d'autres prétendent qu'elle n'est qu'à 40 ou 45 milles au plus. Je crois que c'est cette dernière version qui est la vraie, car si l'on rapproche les autres renseignements sur ce cours d'eau on remarquera que les cataractes desquelles il tombe ne sont qu'à la distance de 120 kilomètres environ, et il est certain que Lungazi est avant ces cataractes. Le chiffre de 80 milles faisant une distance de 148 kilomètres environ, placerait cette ville bien au delà des cataractes, tandis que le chiffre de 45 milles ne faisant que 83 kilomètres, il y a lieu de croire que c'est la distance qu'il faut lui attribuer.

Il serait utile de reconnaître cette rivière Qua-Qua, qui pourrait bien servir de voie de communication avec le Soudan central; de cette façon on éviterait de passer sur le territoire de quelques peuplades hostiles avec lesquelles il serait difficile de s'entendre.

Le pays de Malimba, dont la pointe nord-ouest aboutit à l'entrée de l'estuaire du Cameroon, a été placé sous le protectorat français par les soins de M. le capitaine de frégate Godin, commandant du croiseur *le Voltigeur*, le 19 avril 1883.

Ce pays est limité au nord par le Qua-Qua et au sud par la mer; il est sillonné par de nombreuses criques qui communiquent avec l'Edéa et autres cours d'eau de moindre importance. Près de la mer et à son embouchure il est bas et boisé; une luxuriante mais improductive végétation recouvre la partie marécageuse nord-ouest et sud de ce pays, mais au fur et à mesure que l'on remonte les rivières, le sol s'élève au-dessus du niveau des eaux et bientôt les palétuviers font place aux palmiers producteurs, aux orangers, aux arbres à pain, aux papayers, etc.; tous les arbres fruitiers des pays intertropicaux s'y trouvent en abondance, bien qu'on ne fasse rien pour les cultiver; les naturels ne s'occupent que de leurs plantations d'ignames et de maïs et d'entretenir quelques bananiers plantains. Cette partie élevée de son territoire s'étend très loin dans l'intérieur, et la nature sablonneuse du sol en fait un séjour très sain. On trouve çà et là de magnifiques clairières bien cultivées; des villages bâtis avec goût, entourés de verdure, sont disséminés le long des cours d'eau qui fournissent aux indigènes une grande quantité de poissons variés.

Les naturels sont actifs, industrieux, et leurs plus grands désirs seraient de voir les européens venir chez eux pour trafiquer. Il serait donc à désirer que sur ce sol, aujourd'hui français, nos compatriotes aillent installer des comptoirs, assurés qu'ils sont de faire de fructueuses affaires.

Il y a là d'immenses richesses à exploiter; tous les produits de l'Afrique occidentale y abondent et l'on y pourrait faire de très belles plantations de caféiers, de cacaoyers et de ricin. La composition chimique du sol se prête à merveille à la culture de ces produits, et le défrichement est rendu facile par la rareté des broussailles et lianes qui croissent dans le voisinage de la mer et des bords marécageux des embouchures des cours d'eau.

A 30 milles de la côte, le terrain inculte contient quelques gros arbres, des palmiers et des arbustes sans importance ; tout le reste de l'exubérante végétation qui le recouvre sont des herbes de Guinée, hautes de deux mètres, desquelles on se débarrasse facilement en y mettant le feu pendant la saison sèche.

Ces herbes ont beaucoup de ressemblance avec la canne à sucre. La taille, la feuille et la tige même, bien qu'elle soit plus mince, en ont les mêmes dispositions.

Pendant la saison des pluies, qui dure d'avril en septembre, il est très difficile de se frayer un chemin à travers l'herbe de Guinée. Indépendamment de la compacité et de la hauteur des tiges, elle est revêtue d'une espèce de duvet épineux qui se fixe dans les vêtements et pénètre jusqu'à l'épiderme comme celui du figuier de Barbarie.

Les noirs, qu'il faut imiter en beaucoup de choses concernant les usages locaux, brûlent ces herbes pendant la saison sèche ; cette opération les débarrasse à la fois des myriades de moustiques et des nombreux reptiles qui établissent leur résidence dans ces prairies géantes.

Il serait donc plus facile de faire des plantations sur un terrain de cette nature que de défricher des fourrés impénétrables comme il en existe dans beaucoup de colonies, et nos cultivateurs trouveraient là l'abondance sans être tenus de se donner le dixième de la peine que leur coûtent les travaux des champs dans notre vieille France.

Mais laissons l'agriculture de côté, quoi qu'elle soit indispensable pour coloniser sérieusement, et ne parlons que du commerce.

Les produits étant en abondance dans le pays Malimba, nul doute que les affaires seraient au moins égales en importance que celles qui se font au Cameroon. Rien que les factoreries de Bell-Town font pour 14 millions d'affaires par année dans un rayon de 80 kilomètres ; que serait-ce si on parvenait à pénétrer jusqu'au cœur du Soudan d'où on n'apporte à la côte que les plus riches produits : l'ivoire et la gomme ! Combien d'autres produits d'une extrême importance sont à jamais perdus pour notre industrie, faute de route et de communication ! Il faut donc que l'industrie française se préoccupe de cet état de choses, que les chambres syndicales et les chambres de commerce aient souci de notre avenir commercial en encourageant et en aidant, selon leurs moyens, l'établissement de comptoirs français dans le golfe de Biafra.

Déjà sur ce point comme sur beaucoup d'autres en Afrique nous sommes devancés par les Allemands ; ceux-ci, en la personne du docteur Nachtigal, viennent de placer le bassin du Cameroon sous le protectorat allemand à la date du 14 juillet 1884 ; il en est de même du pays de Bimbia qui peut devenir une route du Soudan central par Duka-Bokin et Wana-Makembi.

On remarquera que le Cameroon touche à Malimba, que par conséquent les Allemands sont nos voisins de colonie, ce dont nous nous passerions bien volontiers ; d'autre part ils nous ont enlevé Little-Popo (1) à notre barbe, alors qu'il aurait été si facile de l'annexer à Porto-Novo. Il sera donc dit que nous trouverons toujours les Allemands pour

(1) Depuis quelque temps les journaux allemands parlent de leur colonie de Cameroon et de Malimba ; il faut croire qu'ils s'y sont établis malgré le traité du 19 avril 1883, passé entre M. le commandant du *Voltigeur* et le roi Passal ; en revanche ils nous ont restitué Little-Popo et le Grand-Popo. J'ai écrit à plusieurs journaux à ce sujet (voir la *France militaire* du jeudi 17 septembre 1885 et le numéro suivant).

Voici ce traité :

« ARTICLE PREMIER. — Le roi de Malimba, Passal, fait un traité d'alliance et d'amitié avec le Gou« vernement de la République française, avec les établissements français et les chefs du Gabon.

« Il s'engage à prendre les représentants du Gouvernement français pour arbitres dans tous ses « démêlés avec les gens des pays voisins.

« Il s'engage également à ne faire aucun traité, à ne permettre l'établissement sur son territoire « d'aucune nation étrangère sans avoir obtenu au préalable l'assentiment du Gouvernement français.

nous couper l'herbe sous les pieds, et que l'incurie de notre industrie fera que nous trouverons dans ce peuple non seulement un ennemi héréditaire, mais encore un concurrent dangereux !

Déjà les Allemands sont plus nombreux que les Français au Gabon et dans l'Ogowé ; si on n'y prend garde ils menaceront bientôt le Congo et l'élément germanique nous chassera tôt ou tard de cette contrée.

Fort heureusement, pour pallier à la fâcheuse impression que les actes allemands ont produite sur l'esprit du monde des explorateurs, nous avons la perspective de posséder bientôt une expédition importante dans le golfe de Biafra. Cette expédition créera de nombreux comptoirs et des entrepôts sur la côte, et tous ses efforts seront concentrés vers l'intérieur où elle se propose de créer un chemin de fer à voie étroite pour faciliter les transports.

Cette expédition est organisée par M. Gazeau de Vantibault, géographe distingué et promoteur du *Trans-saharien et du Trans-continental africain.*

Dans une admirable brochure publiée en 1882 et ayant pour titre *La France au Soudan*, M. Gazeau de Vantibault s'exprime ainsi au sujet du Cameroon :

« Le bon sens dit en effet que pour pénétrer au sein de l'Afrique centrale et du Soudan central, qui est le seul objectif de la France en Afrique, c'est le milieu même de la place, c'est le milieu même du quadrilatère qu'il faut atteindre, en partant du point de la côte qui en est le plus rapproché. »

« Quel est ce point ? *c'est l'embouchure du Cameroon ou l'une des embouchures des douzaines de petites rivières qui sont contiguës au fleuve Cameroon.* »

Plus loin, prévoyant ce qui est arrivé récemment en Egypte, M. Gazeau de Vantibault continue :

« C'est donc certain, l'Egypte, — qui, entre parenthèse, sera peut-être un jour à l'Angleterre . . . .

« On le voit, tandis que les Anglais et les Américains sont en avance sur les Français du côté du Soudan· maritime, les Egyptiens le sont du côté du Soudan oriental et central. Tandis que les bureaux de France lui font perdre des années et des millions au Sahara à propos du Trans-saharien et dans l'intérêt du seul fonctionnarisme, les Anglais, les Américains, les Egyptiens entament toutes les côtes de l'Afrique et marchent de plus en plus dans l'intérieur. »

« ART. 2. — Les commerçants français qui viendront s'établir sur le territoire de Malimba seront « protégés par le roi dans leurs personnes et leurs propriétés.

« Ils pourront librement trafiquer sans avoir à payer aucun droit supérieur à celui actuellement « payé par les établissements européens existants.

« ART. 3. — Le roi s'engage à servir d'intermédiaire pour le commerce entre les négociants ou les « navires français et les peuplades de la rivière Qua-Qua.

« ART. 4. — Le roi Passal cède au Gouvernement de la République française la moitié de son terri- « toire, c'est-à-dire celle où il n'existe actuellement aucun établissement européen.

« ART. 5. — Le Gouvernement français pourra créer sur le territoire ainsi concédé tous les éta- « blissements commerciaux ou militaires qui lui conviendront.

« ART. 6. — En considération de la résolution prise par le roi de Malimba, le Gouvernement de « la République française offre :

« Une maison avec toiture et murs en zinc ;

« Un pavillon français avec le nom du roi écrit dans la partie blanche, destiné à être hissé sur « sa maison ;

« Un fusil à répétition avec mille cartouches.

« Ces cadeaux seront délivrés après l'approbation du présent traité par le Gouvernement français, « approbation qui sera notifiée au roi dans le délai de huit mois.

« Fait à bord du *Voltigeur*, en rade de Cameroon, le 19 avril 1883.

« *Le roi de Malimba,*
    + (Sa marque.)

« *Le capitaine de frégate, commandant.*
    « GODIN. »

Je suis absolument de cette opinion et j'ajouterai : Les Allemands nous devancent aussi, qu'on y prenne garde, ce sera bientôt au tour des Chinois.

Plus loin encore :

« Les Français n'ont donc qu'à se hâter, s'ils tiennent à ce que le Soudan central ne leur échappe pas, comme leur ont échappé, par la faute du fonctionnarisme, l'Inde, la Louisiane, le Canada. »

« Mais c'est à l'initiative privée seule qu'il appartient, par la constitution d'une association puissante, de conquérir à la France l'Afrique centrale, d'en faire la conquête pacifique et intelligente en dehors de l'immixtion fatale du fonctionnarisme. C'est à elle seule que peut être dévolu ce rôle, parce que c'est elle seule qui en est capable et digne, de même que c'est elle seule qui en a eu, répandu et vulgarisé l'idée. »

Ce serait trop long de raconter ici tout ce qu'a écrit M. Gazeau de Vautibault sur le golfe de Biafra avant mon voyage d'exploration de 1883. Je n'ai eu connaissance de sa brochure que vers le mois de juin 1884 alors que j'avais déjà adressé ma communication à la *Société de géographie commerciale* de Paris, et j'ai été vivement frappé de la similitude de notre manière de voir.

CHAPITRE XIII. — **Un outil universel. — Comment le noir doit être traité pour s'en faire un bon auxiliaire. — La colonie espagnole de Fernando-Po. — Sa situation géographique. — Ses habitants. — Ses avantages. — Son avenir.**

Il serait inutile de confier aux noirs des outils d'Europe perfectionnés ; j'entends par noirs les Kroumens et les Indigènes que l'on emploie comme manœuvres, et non pas les ouvriers de la côte d'Or, de Lagos ou du Gabon, auxquels on a appris à se servir de notre outillage ordinaire.

Il est incontestable que si l'on mettait une tarrière, un rabot, etc., entre les mains d'un noir de l'Afrique centrale, il ne saurait pas à quoi ces outils doivent servir ; mais les noirs qui, par leur résidence dans les possessions européennes ou par leur emploi dans les factoreries, voient chaque jour manœuvrer un outillage, dont ils connaissent l'usage, sont incapables de s'en servir, même en leur indiquant comment il faut s'y prendre ; leur maladresse ou leur peu de soin ont bien vite raison de l'objet le plus solide ; de plus, ils n'avancent pas davantage en besogne.

Qu'il s'agisse, par exemple, de travaux de terrassement, nécessairement, il faut des pelles et des pioches ; dans ces travaux, il faut avoir soin de les choisir solides et bien enmanchées, et leur usage ne peut, avec les noirs, être de longue durée.

Il est inutile d'avoir des brouettes pour le déplacement de la terre, de simples paniers, solidement tressés, ou bien des petites caisses valent infiniment mieux. Le noir porte tout sur sa tête ; pour lui, ce système prime tous les autres.

S'il s'agit de couper les arbres d'une forêt, une hache, la mieux emmanchée, sera vite hors d'état de couper la moindre petite branche ; une scie sera faussée dans cinq minutes entre ses mains inhabiles. Ce qu'il lui faut, c'est la *machette* ou espèce de coutelas appelé sabre d'abatis dans la Guyane.

C'est une lame longue de cinquante centimètres, large de cinq à six, avec une poignée solidement rivée à l'une des extrémités, et dont la pointe est légèrement arrondie.

Quand cet outil est de bonne qualité, il peut rendre de grands services pour les besoins journaliers des factoreries, mais le plus souvent on n'a que des machettes de traite d'une qualité très inférieure à celles que l'on pourrait faire faire pour soi.

Ces machettes de traite sont tout simplement une lame semblable à un morceau de cercle de barrique auquel on aurait adapté un manche et qui serait aiguisé d'un côté.

Avec un tel instrument, l'ouvrier européen le plus habile serait incapable de faire une cheville, mais un noir s'en sert avec adresse dans toutes sortes de travaux. La machette lui sert de hache, de scie, de pioche, d'instrument aratoire, etc.; c'est un outil à toutes fins.

Qu'il s'agisse de couper des racines, des broussailles, des grosses branches, de creuser des trous, c'est avec la machette qu'il fait tout. C'est encore avec la machette qu'il cultive ses ignames, qu'il déterre ces tubercules et qu'il les pèle pour sa nourriture. La machette lui sert encore pour creuser sa pirogue, pour tailler ses pagayes et pour construire sa case; enfin, sans cet instrument, le noir de la côte serait l'homme du monde le plus embarrassé. Aussi, il faut voir la quantité de coutelas qui se vend dans les factoreries.

Le noir, pour qui le temps n'a aucune valeur, en met toujours dix fois plus à faire quelque chose que n'en mettrait un Européen; sa patience est à l'épreuve; s'il veut couper un morceau de bois si dur qu'il soit, il l'entreprendra vingt fois s'il le faut, mais il finit toujours par y arriver en l'entaillant morceau par morceau. Une scie serait bien plus pratique, mais il serait essoufflé en quelques minutes, il fausserait son instrument et n'arriverait jamais au bout de son entreprise.

Si on veut obtenir d'un noir une somme de travail passable, il ne faut pas lui ménager les encouragements sous forme de tafia. Avec quelques gouttes d'eau-de-vie, on le mènerait au bout du monde; mais cette récompense de sa bonne volonté ne doit être donnée qu'à propos et que par petite quantité à la fois, sans quoi, une fois ivre, il ne travaillera plus.

Du reste, ces distributions supplémentaires ne doivent être faites qu'en cas de presse et on ne doit pas les prodiguer.

Il faut éviter le mécontentement des travailleurs; s'il y a mutinerie chez un ou quelques-uns d'entre eux, il faut de suite s'en rendre compte, recevoir les réclamations qui pourraient être faites et y faire droit si elles sont fondées.

Au cas où il y aurait mauvais vouloir, il faut punir avec sévérité ceux qui le méritent, en évitant de punir à tort et à travers, car il y en a toujours de consciencieux dans le travail. Le meilleur moyen d'infliger une punition à un noir, quand il s'agit d'une faute légère, c'est de le priver d'eau-de-vie; dans ce cas, il faut faire faire la distribution en présence d'un Européen qui veille à ce que chaque homme absorbe sa ration séance tenante, car on trouve chez les noirs un certain esprit de solidarité, et quand l'un d'eux est puni de retranchement de ration, les autres s'arrangent pour réduire la leur, afin que leur camarade ne soit pas entièrement privé.

S'il s'agit d'une peine grave, il ne faut pas que l'Européen s'oublie jusqu'à frapper lui-même; il doit faire appliquer quelques coups de cravache par un autre noir. Enfin, s'il s'agissait d'un vol important, il faut rassembler les chefs du pays, pour la forme, comme pour prendre leur avis sur la punition à infliger, bien que l'on sache par avance que ce que l'on veut faire sera fait, mais c'est à seule fin de sauver les apparences aux yeux de leurs congénères. Dans ce cas, on prive le coupable d'un salaire temporaire.

En résumé, il faut avec les noirs un certain esprit de justice, beaucoup d'autorité et ne jamais s'oublier à plaisanter avec eux.

En face du massif de Cameroon et au centre du golfe de Biafra, s'élève l'île de Fernando-Po, imposante masse balistique, dont le pic principal n'a pas moins de 3.240 mètres d'altitude. Cette île a jadis appartenu aux Portugais qui la cédèrent aux Anglais qui, à leur tour, l'ont cédée aux Espagnols, qui y transportent leurs condamnés politiques de la Havane.

L'importance de Fernando-Po, par sa situation géographique, est appelée à un grand avenir; si elle était administrée avec soin, elle aurait déjà acquis un rang exceptionnel parmi les colonies de l'Afrique occidentale; le terrain y est d'une fertilité remarquable et ses immenses forêts renferment une très grande variété d'essences; certains arbres atteignent une hauteur de plus de 50 mètres, et leurs pieds ont souvent 16 mètres de circonférence.

Cette île possède deux principales baies : la baie de San-Carlos à l'Ouest, et la baie de Santa-Isabella au Nord-Ouest. La première est la plus vaste, mais la moins fréquentée; mais la baie Santa-Isabella — autrefois baie Clarence quand l'île appartenait aux Anglais — au fond de laquelle est la capitale de l'île, et qui porte le même nom, est le port où tous les navires qui font escale pour Fernando-Po viennent mouiller. Il y a là le siège du gouvernement de l'île, une petite garnison de marine espagnole, quelques maisons de commerce et un dépôt de charbon que le gouvernement anglais y a établi pour le ravitaillement de ses navires de guerre en mission sur la côte occidentale d'Afrique.

La ville de Santa-Isabella compte environ 3.000 habitants noirs et une quinzaine d'Européens.

Le commerce y est presque nul, cependant l'île pourrait produire en abondance tout ce que les Européens vont acheter dans le golfe de Guinée; mais les Boubis ou Bouvis, qui vivent dans les bois, ont une répugnance manifeste pour les échanges; ce n'est que quand ils sont pressés par les besoins d'objets manufacturés que les plus hardis se décident à descendre de leurs villages, porteurs de quelques gallons d'huile et de quelques mesures d'amandes de palme. Ces insulaires sont de mœurs très douces; ils sont même craintifs à l'excès; c'est sans doute ce qui les tient éloignés des Européens.

Chez eux, ils cultivent le manioc, l'igname et le maïs; ces denrées forment la base de leur nourriture, qui est celle des noirs en général; ils possèdent aussi quelques chèvres et quelques moutons, ainsi que des poules; mais ils ne dédaignent pas de se livrer aux plaisirs de la chasse du porc-épic et de l'antilope, qui abondent dans les montagnes.

Leurs cases, fort légères dans leur construction, sont très élégantes dans leur forme; elles sont toujours bien alignées dans les villages, et leurs dimensions varient entre 25 à 40 mètres carrés; l'intérieur est divisé en compartiments, et souvent plusieurs familles habitent sous le même toit. Ces cases sont recouvertes en feuilles de palmier habilement disposées, qui rendent la toiture imperméable; les murs sont construits également avec des feuilles de palmier disposées de la même façon, mais on en voit quelques-unes dont les murs extérieurs sont faits avec des planchettes grossièrement taillées dans des morceaux de bois tendre, attachées ensemble avec des lianes.

Les mœurs des Boubis sont très douces. Leur costume est des plus simples pour les femmes et les jeunes filles : un morceau d'étoffe grand comme la main, coupé en forme de triangle, constitue toute leur toilette en dehors des parures complémentaires qui sont en général des lanières tressées avec des fibres de bananier quelles mettent aux jarrets et au-dessus des chevilles pour faire boursouffler leurs mollets. Il est d'usage chez les femmes de se taillader le visage dans tous les sens de façon à dessiner sur les deux joues de petits losanges. Une poudre qu'elles mettent sur la plaie fait soulever les chairs, de sorte que ces dessins sont en relief très prononcé.

Le costume des hommes ne diffère pas de beaucoup de celui des femmes; il est cependant légèrement plus ample; de plus ils portent un minuscule chapeau fait de fibres de bananier qu'ils fixent sur leurs épaisses chevelures au moyen d'un peigne en bois énorme. Ils ont, en outre, autour du biceps du bras gauche, une étroite lanière à laquelle ils fixent leurs couteaux ou leurs pipes.

La polygamie existe chez les Boubis dans toute sa force. La cérémonie du mariage est faite par la femme la plus âgée du village et dans la nuit. En présence des parents des conjoints, assemblés pour la circonstance, le couple se prend par la main et la prêtresse prononce quelques paroles sacramentelles, après quoi elle donne quelques bons conseils aux époux : à l'homme, elle recommande sa nouvelle épouse et lui fait promettre de ne pas l'abandonner au profit de celles qu'il peut déjà avoir et de celles qu'il pourra *acquérir* plus tard ; à la femme, elle fait jurer de bien cultiver les plantations de son mari, de bien entretenir sa case, de faire beaucoup d'huile de palme et surtout de lui être fidèle (1).

Une fois les conseils donnés, les assistants chantent, dansent et jouent de divers instruments en usage chez eux ; c'est un charivari des plus assourdissants. Pendant ce temps la mariée est peinturlurée sur toutes les parties du corps avec une couleur végétale blanchâtre, puis on la promène dans tout le village suivie d'une foule nombreuse, après quoi elle est livrée à son seigneur et maître. Tous les assistants se livrent alors à des libations de vin de palmier jusqu'à ce que tout le monde soit ivre.

Les funérailles des Boubis n'ont rien de ces rites barbares communs à plusieurs peuples Africains et qui consistent à immoler des victimes humaines ; ils enterrent leurs morts dans la case où ils décèdent, le mort est placé debout, une partie du corps hors de terre qu'ils recouvrent de branches de palmier, de feuilles de bananier, après quoi la famille abandonne la demeure pour aller habiter à l'extrémité opposée du village. Cette coutume explique le grand nombre de cases tombant en ruine dans tous les villages Boubis.

Depuis quelques années on a commencé de faire des plantations de caféiers et de cacaoyers aux environs de Santa-Isabella ; ces arbustes y viennent admirablement et leur rendement, dès la troisième année, est presque suffisant pour couvrir les frais de plantation ; mais dès la cinquième année, les bénéfices sont déjà appréciables.

Il serait à désirer que l'exemple donné par M. Montes de Oca, qui, le premier, a créé des plantations à Fernando-Po, soit suivi par ses compatriotes, car il est vraiment regrettable de voir une colonie si bien située, si fertile et si saine, relativement à la côte occidentale d'Afrique, rester sans colons.

A diverses reprises j'ai analysé le sol aux environs de Santa-Isabella, voici la moyenne des résultats obtenus :

Humus	32 0/0
Argile	26 0/0
Calcaire	12 0/0
Silice	18 0/0
Cailloux ferrugineux	12 0/0

Indépendamment du café et du cacao, le ricin donnerait d'importants bénéfices s'il était cultivé ; cet arbuste exige peu de soins et sa présence est un préservatif contre les miasmes délétères des marais et des forêts vierges ; où le ricin pousse, les graminées disparaissent et le sol se dessèche.

Depuis que les condamnés politiques de la Havane ont été déportés à Fernando-Po, on a commencé d'y cultiver le tabac ; les havanais excellent dans cette culture et, la nature du terrain aidant, les récoltes sont abondantes et de très bonne qualité. Ce produit étant une marchandise d'échange d'une grande importance dans toute l'Afrique occidentale, on peut s'étonner à bon droit que les négociants de la côte ne viennent pas s'y approvisionner. Il est vrai que, jusqu'à présent, la culture du tabac n'a pas été faite d'une manière sérieuse en vue de l'exportation ; mais, du jour où un colon

____

(1) Le crime d'adultère est puni chez les Boubis par la perte d'un bras.

viendra à Fernando-Po pour se livrer à la culture de la plante chère aux fumeurs, dans le but de livrer ses produits aux directeurs des factoreries de la côte, ceux-ci ne demanderont pas mieux que de trouver, pour ainsi dire sous la main, une marchandise à meilleur marché et d'aussi bonne qualité que le tabac de Virginie qu'ils achètent à Hambourg.

J'ajoute que dans la plantation appartenant à M. Montes de Oca on a commencé de cultiver la vanille et le kina, que les légumes d'Europe y viennent à merveille, surtout à l'altitude de 1000 à 1200 mètres. J'ai vu dans cette plantation des choux, des salades variées, des concombres, des melons, des poivrons, des céleris, des chardons comestibles, etc., d'une venue admirable. Quand on vient d'habiter pendant quelques mois le continent où on ne vit que de conserves ou de l'ordinaire des indigènes, et que l'on arrive en quelques heures de steamer dans un pays où l'on trouve toutes ces bonnes choses, on se figure un instant fouler le sol de la vieille Europe. On trouve également dans cette belle île de nombreux ruisseaux qui ne tarissent jamais, dont les eaux limpides et fraiches ne ressemblent en rien à l'eau jaunâtre que l'on trouve sur la côte. Celle-ci est toujours chargée de détritus de végétaux très nuisibles à la santé, tandis que l'eau des torrents de Fernando-Po roule en cascades gracieuses sur des rochers de basalte et conserve une limpidité de cristal.

Les fruits des colonies se trouvent tous en abondance dans toute l'île de Fernando-Po ; l'ananas, la goyave, l'avocat, la banane sont exquis et on peut se les procurer sans peine et à peu de frais.

Enfin pour décrire la splendeur de l'exubérante végétation dont toute l'île est recouverte, il faudrait avoir la science des Gustave Aymard ou des Cooper ; à chaque pas, à chaque détour des sentiers, le décor change, les sites sont plus ravissants les uns que les autres. Sous les immenses forêts vierges, des arbres d'une taille colossale, une variété de plantes infinie, une verdure, dont le pinceau d'un peintre habile pourrait seul donner un aperçu, couvre le sol de toutes parts ; des lianes sans nombre s'entrecroisent et grimpent de branche en branche jusqu'au sommet des géants de la forêt équatoriale ; des palmiers aux panaches gracieux, des fougères arborescentes se mêlent aux mille arbustes des pays intertropicaux et font aux mortels de cette contrée un tableau merveilleux dont ils ne savent apprécier la splendeur. Des myriades d'oiseaux aux couleurs les plus variées, quelques singes, des antilopes et des porcs-épics sont seuls les hôtes de ces bois ; pas le moindre carnivore ; c'est tout au plus s'il y a quelques reptiles, la plupart inoffensifs.

Comme on voit, la colonie de Fernando-Po offre des avantages multiples, et pour jouir de tous ces biens qu'y a-t-il ? Une population de Boubis qui ne se doute pas de toutes ces richesses. Ils sont heureux, il est vrai, du sort que la nature leur a fait ; ils ne sont pas ambitieux ; ils ne connaissent pas les besoins de notre civilisation ; leur nourriture ne leur fait jamais défaut, et pour vêtement ils se contentent souvent d'un simple rayon de soleil.

Pourtant un jour viendra où il leur faudra subir la loi commune, destinée, dans un temps plus ou moins éloigné, à tous les peuples africains ; mais ce jour leur sera funeste, le contact de notre civilisation leur créera des besoins nouveaux, et leur vie de paresse devra faire place à une vie de labeur. Le pays, par sa situation géographique et la richesse de son sol, est destiné à jouer sur la côte occidentale d'Afrique le même rôle que joue Madère en Europe ; ce sera le point de relâche de tous les vaisseaux et le sanatorium de toute la Guinée.

Le docteur Daniel, dans sa *Topographie médicale* s'exprime ainsi sur l'île de Fernando-Po : « Si les personnes qui jusqu'à présent se sont plu à suivre la renommée hygiénique de cette île, avaient vécu comme moi des années entières au bord des marais malsains de l'Afrique équatoriale, elles auraient pu apprécier sans aucun doute la valeur inestimable de ce joyau à la portée de tous les voyageurs africains, joyau d'une valeur immense pour les convalescents, puisque non seulement il les soustrait à une mort prématurée, mais qu'il les met en outre en disposition de pouvoir vaquer aux occupations de la vie ordinaire. »

Le thermomètre, dans la saison des pluies, se maintient dans la moyenne de 30 à 31 degrés centigrades à l'ombre et à l'air libre, et dans la saison sèche, dans la moyenne de 33. Il y a donc une sensible différence avec les autres points de la côte, le Niger, par exemple, dont la moyenne en temps de pluie est de 35 degrés centigrades et en temps de sécheresse, de 42. Il n'est pas rare, aux environs d'Abbo, en novembre, décembre, janvier et février, de voir monter le thermomètre jusqu'à 45 et 46 degrés centigrades à l'ombre.

En somme, le climat de Fernando-Po est généralement meilleur que celui du continent africain et la vie y est plus facile sous le rapport des approvisionnements. La volaille y abonde et, chose inestimable sur la côte où la viande de boucherie fait défaut, il ne se passe pas de quinzaine sans qu'un bœuf soit abattu dans la ville de Santa-Isabella.

CHAPITRE XIV. — Les difficultés d'introduire la civilisation en Afrique. — L'esclavage d'autrefois et l'esclavage d'aujourd'hui. — L'esclavage temporaire.

Le traité intervenu entre la France et l'Angleterre, à la date du 29 mai 1845, avait pour but de supprimer la traite des noirs et d'abolir l'esclavage dans les colonies des deux nations.

Quel est le but que se proposaient d'atteindre les philanthropes qui, les premiers, ont prôné l'abolition de l'esclavage ? Faire du noir africain un homme libre et l'égal du Blanc. Cette théorie est superbe, tout homme de cœur doit partager ces principes humanitaires, mais il faut avouer que le résultat obtenu n'est pas à la hauteur de l'intention, et les sommes énormes que l'on a consacrées dans ce but n'ont pas été d'un grand profit pour l'humanité ; rien, jusqu'à présent, n'est de nature à encourager la persévérance. Depuis bientôt quarante ans que la traite des noirs a été abolie, nos colonies ont perdu de leur valeur par suite du manque de travailleurs pour l'agriculture, et les chefs de quelques parties de l'Afrique, ne trouvant plus de débouché pour la vente de leurs prisonniers de guerre, ont pris l'habitude de les massacrer par centaines à la fois dans les réjouissances publiques.

Les esclaves qui échappent à ces ignobles boucheries, sont vendus à des trafiquants noirs qui les revendent aux chefs des caravanes de l'Afrique centrale ou bien aux chefs de quelques tribus près de la côte qui les emploient comme rameurs ou comme serviteurs à tout faire ; leur sort est fort au-dessous de celui qui était fait à ceux que l'on employait dans les plantations des Antilles.

Autrefois les négriers achetaient les esclaves sur la côte et allaient les revendre aux planteurs des Antilles, du Brésil, du Pérou, etc. Les chefs du pays, qui étaient les principaux pourvoyeurs, se les procuraient dans les razzias qui se faisaient et se font encore de tribu à tribu. Les chefs noirs, aussi bien que les négriers, avaient alors d'autant plus de soin de leur marchandise qu'ils la vendaient plus cher, selon l'état de force et de santé des esclaves qui la composaient ; et s'il y a eu des navires à double fond où on les entassait pêle-mêle, ç'a été pour faire la contrebande après la signature du traité de 1845, et pour se soustraire aux investigations des croiseurs anglais et français. Auparavant, on négligeait toutes ces précautions, et chaque jour, à bord des négriers, on faisait monter les noirs sur le pont du navire pour leur faire prendre l'air et pour permettre le nettoyage de l'entrepont où ces noirs étaient campés pendant la nuit ; il y avait peu de décès en route et, sauf quelques précautions particulières, la situation qui était faite aux esclaves à bord ne différait guère de celle qui est faite à nos soldats transportés dans nos colonies sur les navires de l'Etat.

Les noirs, ainsi emmenés en esclavage, étaient mieux traités qu'on ne se le figure généralement, et le négrier leur sauvait la vie neuf fois sur dix. Dans les plantations, ces esclaves pouvaient se marier, et le travail que le maître leur imposait n'était pas au-dessus de leurs forces.

Il y a eu certainement des exceptions, mais, en somme, il ne faut pas prendre au pied de la lettre ces légendaires suicides par désespoir, ni le fameux drame de la *Case de l'oncle Tom*.

Ecoutez ce que dit Mme Ida Pfeiffer dans ses relations de voyage aux deux Amériques en 1854 : « Dans certaines plantations, le sort des esclaves est assez doux. Ainsi, en une hacienda d'un M. Kok, tout le monde est bon, maître, maîtresse et enfants. »

Mme Ida Pfeiffer constate qu'un des enfants de M. Kok a soin de conserver près de lui certaines portions des plats qui passent devant lui.

« — C'est pour notre petite compagne, une négresse malade », dit-il à la visiteuse qui l'interroge.

« Cette hacienda se trouve isolée au milieu des cases des nègres qui sont placées en ordre tout autour. Chacune d'elles forme une pièce spacieuse et bien aérée, dont la literie est excellente, et qui est meublée d'une table, d'un buffet, de quelques sièges et même pourvue d'une moustiquaire.

« On a même réservé une case qui tient lieu d'asile, où les négrillons et les négrillonnes sont reçus pendant le jour et gardés par une vigoureuse et bonne négresse. Cette case est dans le village voisin, où M. Kok a installé aussi un hospice qui reçoit chaque jour la visite d'un médecin. »

Souvent Mme Pfeiffer se rend dans ce village et constate que ses habitants sont confortablement habillés, mangeant d'excellent porc et de bon pain blanc. Le soir, elle les voit aller de porte en porte pour causer entre voisins ou se livrer à des amusements.

Sont-ce là des sorts sur lesquels il faut s'apitoyer ?

On ne peut nier que si on demandait aux malheureux voués à la mort pour satisfaire les plaisirs barbares de quelques chefs africains, ou à ceux qui sont en esclavage chez leurs congénères, où ils manquent de tout, nul doute qu'ils choisiraient l'esclavage chez les blancs, de préférence au sort qui leur est fait chez eux.

Pour ma part, j'ai connu des anciens esclavages libérés, habitant actuellement la côte des Popos, qui regrettent l'époque de leur esclavage.

L'un d'eux, qui était resté pendant douze ans dans une plantation des Antilles, me disait un jour que les esclaves de M. de Bréda, riche planteur de la Guadeloupe, étaient si bien traités par celui-ci que, lorsqu'on voulait désigner quelqu'un comme étant très heureux, on disait : « Il est heureux comme un noir à Bréda. »

M. Paul Soleillet, dans une communication faite à la Société de géographie, parle de l'esclavage temporaire. Je crois cette idée excellente, et elle mérite d'être prise en considération.

Supposons un noir qui aurait été employé dans un établissement européen, pendant une dizaine d'années, puis libéré et payé d'un salaire raisonnable ; il retournerait dans son pays avec une certaine teinte de civilisation, et, par lui, le progrès pourrait pénétrer et prendre racine au cœur de l'Afrique. On peut donner comme exemple frappant de cette manière de voir les Kroumens qui s'engagent dans les factoreries de la côte. Ils retournent chez eux à la fin de leur engagement, porteurs d'un petit pécule : ils enseignent à leurs congénères ce qu'ils ont appris des Européens et l'usage de nos produits,

L'époque n'est pas très éloignée où les Kroumens étaient un peuple de cannibales, mais aujourd'hui leurs mœurs sont bien changées, et ils en tirent vanité. On ne peut pas dire qu'ils sont civilisés, mais, en tous cas, ils sont supérieurs aux autres peuples de la côte occidentale d'Afrique, parce qu'ils ne craignent pas le travail.

Si tous les noirs voulaient travailler volontairement comme les Kroumens, dans le but de se procurer un certain bien-être que la nature, prodigue envers eux sous beaucoup de rapports, ne peut leur donner, l'esclavage temporaire dont parle M. Paul Soleillet serait inutile ; malheureusement, il n'en est pas ainsi : le noir est paresseux, ivrogne et voleur ; il n'y a que la force qui peut faire changer l'état de choses actuel, et, par l'esclavage temporaire, cela est possible.

Ce ne sera, certes, ni dans dix ans ni dans vingt ans que le Soudan central sera sillonné de routes et de chemins de fer ; par conséquent, l'esclavage aboli à l'extérieur existe à l'intérieur dans toute sa force. Longtemps, bien longtemps encore, il y aura des malheureux noirs placés sous le despotisme de leurs semblables ; c'est un état de choses indispensable en Afrique.

En effet, comment feraient les nombreuses caravanes qui sillonnent le Soudan en tous sens sans les esclaves ? Il leur serait matériellement impossible de transporter cette masse d'ivoire, de gomme, de caoutchouc., etc., qui alimente nos marchés d'Europe.

Les noirs, propriétaires d'esclaves, sont sans contredit dix fois plus cruels envers les hommes de leur couleur que les Européens ; par conséquent, l'acte d'humanité qui a fait l'objet du traité de 1845 a été un remède pire que le mal.

D'autre part, que sont devenus les noirs affranchis qui ne sont pas retournés dans leurs pays ?

Ne voulant plus travailler parce qu'ils sont devenus maîtres de leurs personnes, et n'ayant aucune ressource qui leur permette de vivre sans travailler, les neuf dixièmes de ces anciens esclaves sont devenus vagabonds, mendiants, la plupart cherchant leur pitance dans les rapines.

On a lancé, à propos de l'esclavage, un déluge de phrases plus creuses les unes que les autres. Ravir l'enfant à sa mère ! Séparer l'époux de sa compagne ! Exiler des malheureux de leur patrie ! etc., etc.

Peut-on assimiler le caractère du noir à celui du blanc ? Autant il vaudrait faire remonter le cours des rivières.

Pour le noir, la famille n'existe pour ainsi dire pas. S'il a des enfants mâles, il ne s'en préoccupe pas ; les soins de la mère sont largement suffisants, et, dès qu'ils sont sevrés, ils sont abandonnés à eux-mêmes. Les parents savent bien qu'ils ne mourront pas de faim ; quant aux vêtements, il est inutile d'en parler.

S'il a des filles, les soins qu'il leur donne dans les premières années ne diffèrent guère de ceux donnés aux garçons ; mais vienne l'âge de puberté, sa surveillance sera de plus en plus active, il les parera de tous les colifichets qu'il pourra se procurer, parce qu'il les vendra d'autant plus cher qu'elles seront plus jolies. Voilà pour la famille.

Quant à leurs compagnes, la plupart des noirs en possèdent plusieurs, et, à l'instar des maquignons, ils en font un trafic ignoble. Voilà pour la moralité.

Reste la question de la patrie (?). Celle-ci a si peu d'importance pour les noirs en général que beaucoup d'entre eux ne savent pas où ils sont nés.

La femme africaine étant une bête de somme, la seule ambition des hommes est d'en posséder le plus grand nombre. Quand un noir veut faire parade de ses richesses, il dit : Je possède tant de femmes, absolument comme un Européen dirait : Je possède tant de mille francs de rente ou tant d'hectares de terre.

Au risque de passer aux yeux de mes compatriotes pour un négrophobe, je me range à l'avis de M. Soleillet : le rétablissement de la traite des noirs sous certaines conditions,

Que le noir puisse être acheté jusqu'à l'âge de trente ans et qu'après il soit rapatrié avec un pécule en espèces ou en marchandises, suivant ses désirs, variant suivant le nombre d'années de service.

Après quelques années de travail parmi les Européens, il apprendrait une langue, se ferait à nos usages; on pourrait lui consacrer quelques heures par semaine pour lui apprendre à lire et à écrire; ses mœurs s'adouciraient peu à peu, et plus tard, en retournant chez lui, il mettrait à profit ce qu'il aurait appris. L'établissement de l'Européen serait pour le noir une école modèle d'agriculture et de commerce; c'est ainsi que les plantations abandonnées seraient rétablies, qu'on en créerait des nouvelles et qu'enfin on ferait pénétrer dans cet immense et mystérieux continent les éléments qui, de longtemps, ne pourront être portés par les Européens eux-mêmes : l'habitude du travail, les outils nécessaires à l'agriculture et l'instruction, qui est la base de la morale, partant de la civilisation.

CHAPITRE XV. — **Matériel indispensable pour une factorerie. — Marchandises qu'il faut avoir en magasin.**

Il y a mille et une manières de créer un commerce. Si on dispose de capitaux importants, on s'installe confortablement, on fait les choses grandement parce qu'on attend une plus grande somme de profits. Si au contraire on est obligé de calculer avec ses moyens, on fait les choses moins grandes et l'on compte sur les bénéfices à venir pour améliorer l'installation et agrandir son commerce. Il en est des factoreries comme de toute autre chose.

Les principales maisons de Marseille qui possèdent des comptoirs en Afrique ont toutes commencé avec peu et aujourd'hui elles opèrent par millions. Mais toutes les factoreries de la côte n'ont pas derrière elles un capital énorme, cependant elles prospèrent, mais les gros bénéfices ne sont pas pour elles; elles espèrent que, comme leurs devancières, leur noyau grossira et que plus tard elles se trouveront aussi au premier rang.

On ne trouve guère de factoreries françaises dans ces conditions, ce sont généralement des Anglais et des Allemands qui les exploitent.

Pour donner à mes lecteurs une idée à peu près exacte du matériel qu'il faut pour exploiter une maison de commerce sur la côte d'Afrique, je prendrai donc une moyenne. Supposons un capital de 500.000 fr. et que l'entrepôt et le siège de l'agent principal soit sur le bord d'une grande rivière, près de son embouchure.

Dans ce cas il lui faudra un ou deux vapeurs variant de 60 à 200 tonnes, pour faire le service des marchandises entre l'entrepôt et les petites factoreries disséminées dans les environs et sur le cours supérieur de la rivière. Ces vapeurs approvisionnent de produits d'Europe ces petites factoreries et à leur retour ils rapportent les produits du pays qui ont été échangés dans ces maisons de vente.

En outre de ces vapeurs, il faut un certain nombre d'embarcations; si l'entrepôt est installé à terre, il est d'une grande importance de construire un warf, assez avancé dans le lit de la rivière pour que les vapeurs puissent accoster, à moins que la disposition des lieux ne s'y oppose; si au contraire la factorerie est installée sur un ponton, il faut choisir un trois-mâts encore en bon état pour qu'il puisse faire encore un long service.

Les approvisionnements en matériel consistent en :

Douves de tonneaux pour l'huile de palme;

Charbon de terre pour les vapeurs ;
Une ou deux grues de chargement ;
Sacs vides pour amandes de palme ;
Planches et madriers pour la construction des ateliers, magasins et poudrière ;
Feuilles de zinc pour toiture ;
Forge et ses outils ;
Pompe à incendie ;
Peintures assorties, clous, crochets, serrures, vis, loqueteaux, palans, treuils, balances pour l'ivoire, balance-bascule, mesures pour l'huile, mesures pour les amandes, pelles, pioches ;

Ameublement du personnel blanc :
Tables, chaises, lits complets, glaces, lavabos, pendules, vaisselle, verrerie, serviettes, couteaux, couverts, etc. ;

Atelier de menuiserie et de tonnellerie :
Bancs, rabots, serre-joints, bouvets, ciseaux, marteaux, pinces, compas, scies, colle, etc.

Provisions de bouche :
Conserves de viande, de lait, beurre, saindoux, farine, biscuits, lard, riz, légumes secs, vermicelle, moutarde, huile, thé, vinaigre, fromage, vin, café, sucre, bougies, poivre, condiments variés, ail, oignons, pommes de terre (1), liqueurs, etc., etc.

Il faut, en un mot, s'approvisionner de tout ce qui entre dans la consommation des ménages européens pouvant se conserver.

Le pain se fait ordinairement tous les jours et sans levain ; on se sert ordinairement pour faire lever la pâte de la poudre à levain « *jeast pawder* » ou bien « *sef raising flours.* »

Si on décide de s'installer sur un ponton de préférence à terre, dès l'arrivée à destination il faut choisir un bon mouillage, le plus près possible de la rive, mais en ayant soin toutefois que le navire puisse tourner sur lui-même aux changements de marée ; on mouille les deux ancres de veille babord et tribord et l'on réunit les deux chaînes à un tourillon, vers le milieu de l'étrave, à deux mètres environ en avant de l'écubier qui reçoit la chaîne ; il est prudent d'avoir en outre une ancre ou deux parées à mouiller pour le cas où le ponton viendrait à chasser sur ses ancres sous les efforts d'un orage.

On procède ensuite au dématage jusqu'aux bas mâts, qu'on laisse pour soutenir la charpente qui est destinée à supporter la toiture en feuilles de zinc ; cette charpente peut s'emporter prête à monter d'Europe afin de gagner du temps, d'autant plus que les ouvriers européens sauront toujours mieux disposer les pièces que les charpentiers noirs de la côte ; il en est de même de la maisonnette que l'on installe sur la dunette, pour le logement du personnel blanc.

Ces préparatifs prennent tout au plus une quinzaine de jours.

Il faut aussi installer sur le milieu du pont, entre le grand mât et le mât de misaine, une forte grue de chargement, et à cet effet il faut surélever les bords de la toiture de chaque côté pour en assurer le fonctionnement. A mon avis il est préférable d'avoir une grue de chaque bord, d'une force moins grande, partant plus facile à manœuvrer, afin de pouvoir au besoin charger ou décharger de tous côtés avec plus de facilité. Une fois cette installation faite, on peut s'occuper de construire à terre les ateliers et les magasins afin de s'assurer le dégagement du matériel encombrant.

Si au contraire on tient à une installation complète à terre, on trouve à Hambourg ou

____

(1) Les factoreries de la côte occidentale d'Afrique se font approvisionner de pommes de terre par leurs correspondants à l'île de Madère ; tous les vapeurs qui font escale à Funshal en transportent dans des paniers, car dans les pays chauds ce tubercule ne peut être cultivé ; il se métamorphose en patate douce quand on veut l'acclimater par la culture.

en Angleterre des maisons en bois qui peuvent être montées en peu de temps même par des personnes étrangères à la charpenterie.

Il est d'usage, sur la côte d'Afrique, de construire les maisons sur pilotis ; ce système garantit de l'humidité et des insectes ; du reste on utilise le rez-de-chaussée comme magasin.

Il est d'une grande importance de construire les magasins autour de la maison d'habitation, tout au moins sur les côtés et aussi près que possible ; un petit chemin de fer volant système Decauville rend des services inappréciables.

Pour la construction du warf, on trouve également en Angleterre des warfs démontés, à colonnes de fonte ; l'extrémité des colonnes qui plonge sous l'eau est pourvue d'une vis, de sorte qu'il n'y a qu'à les couler à leurs places et tourner de gauche à droite jusqu'à ce qu'elles soient de niveau ; après quoi on n'a plus qu'à fixer les madriers qui sont destinés à supporter le plancher. On met à l'extrémité du warf qui avance dans la rivière une grue de chargement pour les marchandises. Quelques-uns de ces warfs sont couverts, ce qui est très utile pour pouvoir travailler à l'abri de la pluie et des rayons du soleil.

Les marchandises d'Europe dont toute factorerie doit être largement approvisionnée sont :

Les cotonnades, indiennes imprimées, foulards de couleurs variées, tricots de coton comme ceux en usage dans la marine, soierie ordinaire, tabac en feuille, gin, fusils à pierre, poudre de traite, sabre coutelas (machettes), sel gemme en sacs, rhum de traite en dame-jeanne de 4, 8 et 14 litres, parfumeries, allumettes suédoises, chemises de flanelles, ombrelles, parapluies, bottes en caoutchouc, chapeaux de toutes formes, en paille et en feutre, poterie, lard et bœuf salé, biscuits de mer, riz, boîtes de sardines à l'huile, bagues en argent et en nikel, chaînes argentées, cadenas, pipes en terre, plats et cuillers en fer, marmites en fonte, bracelets argentés ou en nickel, boucles d'oreilles en doublé et en argent.

Toutes ces marchandises, sans exception, se vendent sur toute la côte occidentale d'Afrique et dans n'importe quel pays ; sur la Côte-d'Or le payement se fait en espèces, mais ailleurs il n'a lieu qu'en produits du pays. J'ajoute que les Kroumens, pour le paiement de leur salaire, choisissent de préférence à toute autre marchandise celles énumérées ci-dessus.

Dans certaines contrées il est utile d'être approvisionné de quelques marchandises spéciales ; ainsi dans les bassins du Niger et du Vieux-Calabar, il se vend beaucoup de baguettes de cuivre et de barres de fer. Les tiges de cuivre ont généralement 6 à 8 millimètres de diamètre sur un mètre de long ; les barres de fer doivent avoir trois centimètres de large sur un centimètre et demi d'épaisseur et une longueur de deux mètres environ, elles pèsent 30 à 35 kil.

Dans la partie du Niger située entre le confluent du Bénoué et les rapides, les cauris sont encore demandés, mais au Vieux-Calabar on n'en veut pas ; par contre les anneaux en cuivre et les vieux habits trouvent des acquéreurs.

Autrefois les perles de Venise et de Bohême trouvaient sur toute la côte des amateurs passionnés, mais depuis plusieurs années cette marchandise passe de mode et fait souvent *rossignol*.

Le goût des africains a des changements tout comme celui de nos parisiennes ; ce sont parfois les articles les plus bizarres qui ont leurs préférences momentanées, c'est pourquoi je conseillerai aux débutants d'acheter avant leur départ quelque solde de magasin qu'ils trouveront à bon compte ; ces assortiments disparates stimulent les idées des noirs, et si on voit qu'ils choisissent de préférence tel article à tel autre, on en fait une commande plus importante. Mais, en aucun cas, il ne faut compter sur le bénéfice de ces soldes, car assurément une grande partie ne se vend pas ou se livre à vil prix.

Au sujet des articles que je viens d'énumérer, je donne ci-après un tableau des prix d'achat basés sur une moyenne :

	Prix de l'unité.	Prix de la douzaine.
Tricots en coton..	1 25	15 00
Tabac en feuilles (le kilogramme)........................	0 70	»
Gin (la caisse de 12 bouteilles)..........................	4 00	»
Les fusils à pierre (par caisse de 20)....................	140 00	»
La poudre de traite (par baril de 3 kil.).................	5 00	»
Machettes (sabres coutelas)...............................	0 35	4 20
Les sels gemme (en sac de 50 kil.).......................	3 75	»
Rhum de traite (dame-jeanne de 4 litres).................	3 75	45 00
id. (id. de 8 litres).................	6 00	72 00
Allumettes suédoises (le paquet de 12 boîtes)............	0 35	4 20
Chemises de flanelle......................................	6 00	72 00
Parapluies..	2 50	30 00
Ombrelles...	2 00	24 00
Bottes en caoutchouc (la paire)..........................	12 00	144 00
Chapeaux en paille et en feutre (la moyenne).............	2 00	24 00
Lard et bœuf salé (le baril de 100 kil.).................	70 00	»
Biscuit de mer (la caisse de 100 kil.)...................	80 00	»
Riz (en sac de 50 kil.)...................................	12 00	»
Sardines en boîte...	0 45	5 40
Bagues en argent et en nickel............................	1 00	12 00
Chaînes argentées (le mètre).............................	2 00	24 00
Bracelets argentés ou en nickel..........................	1 50	18 00
Pendants d'oreilles en doublé (la paire).................	1 50	18 00
Cadenas...	0 20	2 40
Pipes en terre...	0 02	0 24
Plats en fer battu.......................................	0 60	7 20
Cuillers en fer..	0 04	0 48
Marmites en fonte..	2 00	24 00
Bougies (la boîte).......................................	0 90	10 80
Couteaux à gaine...	0 60	3 60
Petits miroirs...	»	0 50
Cauris (le quintal métrique).............................	25 00	»
Tige de cuivre (le kil.).................................		
Fer en barres (le kil.)..................................	0 10	16 00
Chemises percale pour hommes.............................	2 50	30 00

En ce qui concerne les cotonnades de Rouen et de Manchester, le prix varie selon la qualité ; c'est la couleur bleue qui a la préférence partout, mais il est bon d'en avoir de bariolées.

Il est d'usage de doubler le prix de facture pour la vente sur la côte, bien que souvent l'on cède les marchandises avec un bénéfice de 50 0/0 seulement.

Indépendamment de ces articles, il faut toujours avoir en stock quelques objets choisis que l'on donne en cadeau aux chefs de la contrée où l'on fait du commerce ; ces objets sont ordinairement des pagnes en soie brochée, des pièces de velours, des armes, du vin de champagne, des bouteilles de liqueur, des services en porcelaine, des glaces, des sièges, des tapis, etc. Ces cadeaux, qui attirent les bonnes grâces des chefs, rapportent toujours plus que leur valeur.

Pour compléter ces quelques indications, j'ajouterai ci-après le plan d'ensemble d'une maison opérant avec un capital de 500.000 fr., chiffre que j'ai déjà indiqué au commencement du présent chapitre.

Un trois-mâts ponton ou une maison d'habitation pour le personnel blanc.	20.000 fr.
Un vapeur de 150 tonnes	75.000 »
id. 50 tonnes	25.000 »
Une maison du pays pour les employés noirs (klarke) et pour les ouvriers.	3.000 »
Magasins, ateliers, poudrière, buanderie, case pour les kroumens, etc..	6.000 »
Provisions de bouche pour une année	18.000 »
Matériel de factoreries, embarcations, grues, futs vides, sacs vides, chemin de fer volant	30.000 »
Achat de terrain en espèces ou en cadeaux	3.000 »
Marchandises manufacturées, sel, tabac, spiritueux, etc	100.000 »
Salaire du personnel blanc, tant en France qu'à la côte, y compris la commission des courtiers et des correspondants	80.000 »
Assurances maritimes, contre l'incendie et contre les pertes de la barre.	28.000 »
Salaire du personnel noir	32.000 »
Combustible pour vapeurs et pour une année	25.000 »
Fonds de réserve	55.000 »
Total	500.000 »

Si l'on suppose que les marchandises de troque soient renouvelées dans le cours de l'année, ce qui est certain au moins une fois, il aura été échangé pour 200.000 fr. de marchandises avec lesquelles on aura acheté pour 400.000 fr. de produits, puisque les factures sont augmentées du double ; ces produits valent en Europe le double de ce qu'on les paie sur la côte, de sorte que pour une somme de 100.000 fr. il y aura, rendu en Europe au bout d'une année, pour 800.000 de matières premières, ci .. 800.000 »

En défalquant la mise de fonds soit la somme de 100.000 fr., ci.	100.000 »	
L'intérêt de cette somme pendant l'année, 5.000 fr., ci	5.000 »	
La nourriture du personnel pendant l'année, 18.000 fr., ci...	18.000 »	
Le combustible de l'année	25.000 »	
Les primes d'assurance	28.000 »	
Le salaire du personnel blanc	80.000 »	
Le salaire du personnel noir	32.000 »	
Le fret de la première année tant pour le transport à l'aller que pour le transport des produits achetés et calculés sur 500 tonnes au prix exorbitant de 50 fr. la tonne	25.000 »	
A déduire	313.000 »	313.000 »
Reste		487.000 »

Sur cette somme de 487.000 fr., représentant les bénéfices d'une année, il y a lieu de déduire l'intérêt des fonds engagés pour le matériel valant 400.000 fr., soit 20.000 fr. Il n'en restera pas moins la respectable somme de 467.000 fr.

Mais supposons un instant que les bénéfices ne soient que de 50 0/0, cela fera encore la somme de 233.500 fr., soit plus de 45 0/0 de dividende à distribuer aux actionnaires.

On peut être tenté de supposer que les chiffres ci-dessus sont quelque peu fantaisistes et que les promesses qu'ils font sont fallacieuses. Il n'en est rien, au contraire, j'ai dédoublé le chiffre des bénéfices pour rester en deçà plutôt qu'au delà de la vérité. Voici du reste quelques prix qui édifieront le lecteur.

PRIX D'ACHAT EN AFRIQUE.	PRIX DE VENTE EN EUROPE.
Ivoire, 12 à 18 fr. le kil.	Ivoire, 25 à 36 fr. le kil.
Huile de palme, 0 fr. 40 à 0 fr. 55 le kil., soit 40 à 55 fr. les 100 kil.	Huile de palme, 100 à 105 fr. les 100 kil.
Amandes de palme, 0 fr. 15 à 0 fr. 20 le kil., soit 15 à 20 fr. les 100 kil.	Amandes de palme, 30 à 38 fr. les 100 kil.
Gomme copale, 0 fr. 30 à 0 fr. 45 le kil., soit 30 à 45 fr. les 100 kil.	Gomme copale d'Afrique, 60 à 150 fr. les 100 kil.
Caoutchouc, 1 fr. 75 à 2 fr. 50 le kil.	Caoutchouc, 5 à 6 fr. le kil.
Bois d'ébène, 0 fr. 15 à 0 fr. 25 le kil., soit 15 à 25 fr. les 100 kil.	Bois d'ébène du Gabon, 26 à 36 fr. les 100 kil.
Bois de santal, 0 fr. 10 la bûche de 4 à 6 kil., soit en moyenne 2 fr. les 100 kil.	Bois de santal, 6 à 7 fr. les 100 kil.

Je ne pousserai pas plus loin les exemples, mais je ferai remarquer que tout s'achète en marchandises sur lesquelles on prélève un bénéfice minimum de 50 0/0, de sorte que ce que l'on paie 20 fr., on ne le paie en réalité que 10 fr., sauf à compter les frais de transport qui sont de 10.0/0 au maximum.

CHAPITRE XVI. — **Hygiène de l'explorateur. — Quelques conseils de l'auteur.**

Le plus grand ennemi des Européens en Afrique, particulièrement dans le golfe de Guinée, n'est ni les indigènes, ni les reptiles, ni les carnivores; mais ces terribles fièvres connues sous le nom de fièvres paludéennes, dérivé sans doute de palétuvier, parce que cet arbre ne pousse que dans les marécages qui dégagent les miasmes empestés qui donnent ces fièvres.

Dès que l'Européen arrive dans ces contrées, il lui faut suivre un certain régime et se vêtir d'une certaine façon. Tout ce qu'il pourra faire ne le dispensera pas de payer son tribut à la terrible maladie, mais il pourra en atténuer les effets.

Comme vêtements, il est prudent d'avoir constamment sur la peau un gilet et un caleçon en flanelle, et l'on en changera plusieurs fois par jour, si les circonstances le permettent. Sur la flanelle, une chemise et un pantalon d'étoffe très légère, d'une coupe ample, pour permettre à l'air de circuler sous ce vêtement. Si on met un paletot, il faut qu'il soit le plus léger possible.

Sur la tête, comme coiffure, il faut avoir constamment un casque insolaire en moelle de sorgho, si on a un espace découvert à traverser; si court que soit cet espace, il ne faut jamais aller nu-tête, car les insolations arrivent souvent comme un coup de foudre. Si on se trouve dans la forêt, et que l'on éprouve la nécessité de se découvrir, il faut toujours s'assurer qu'aucun rayon de soleil n'arrive jusqu'à soi à travers le feuillage; il suffirait de quelques secondes pour que le moindre rayon de soleil produise un effet terrible sur le cerveau. Dans les appartements, il est d'une prudence élémentaire de porter, le soir surtout, une calotte légère; la grande humidité de la nuit est également dangereuse.

La nuit, si grande que soit la chaleur dans les appartements, il faut éviter le courant d'air ; il faut également éviter de se découvrir la nuit en dormant, pour se garantir de l'humidité pénétrante des nuits tropicales.

En ce qui concerne la chaussure, il est prudent de porter des bottes dans les broussailles, afin de se garantir de la piqûre des reptiles et des insectes ; mais, dans les maisons et dans les cours des factoreries, on peut porter des chaussures légères, telles que pantoufles, babouches, etc. ; le seul inconvénient que l'on peut rencontrer est d'être piqué de temps en temps par des *chiques*, ou plutôt les puces pénétrantes qui pullulent dans tous les pays chauds.

Cet insecte saute comme une puce ordinaire, et s'insinue sous la peau des orteils et du talon où il cause une vive douleur ; on sent d'abord une démangeaison opiniâtre ; un petit point rouge indique l'endroit où l'insecte s'est introduit sous l'épiderme ; mais il ne faut pas encore chercher à l'extirper, car le succès serait douteux ; il faut attendre que ce point devienne noir, ce qui a lieu au bout de six à huit jours ; alors, avec une épingle ordinaire, on pique l'épiderme tout autour du point noir, on soulève la peau, et, par une forte pincée avec les doigts, on oblige ce parasite à déguerpir ; il faut extraire soigneusement la matière gélatineuse qui se forme autour du point noir, ce sont les œufs, sans quoi la moindre parcelle donnerait naissance à plusieurs autres chiques, et l'opération deviendrait, par suite, très douloureuse.

Les noirs excellent dans l'art d'extraire les chiques ; pour ma part, je faisais visiter mes pieds par mon domestique tous les huit jours, et celui-ci me débarrassait de cet hôte incommode avec une adresse surprenante.

Il est d'usage de boucher le trou de la plaie ainsi faite avec de la cendre de pipe.

Pour compléter ces renseignements sur la manière de se vêtir, j'ajouterai qu'une bande de flanelle autour des reins, roulée comme la ceinture des zouaves, est une précaution excellente de laquelle je ne me suis jamais départie.

Arrivons à la nourriture.

Un régime fortifiant, une nourriture confortable vaut mieux que tous les médicaments de la terre pour résister aux fièvres paludéennes. Ce qu'il faut avant tout, c'est de se mettre en garde contre l'anémie, qui est, avec les maladies du foie et de la rate, la suite des accès fréquents ou trop prolongés. C'est donc par des préventifs qu'il faut procéder d'abord, puis entretenir l'estomac avec des aliments toniques. Il faut éviter le plus que l'on pourra de boire de l'eau du pays ; et si on y est absolument obligé, il faut au préalable la faire bouillir, ou bien la distiller. Un filtrage est insuffisant.

L'eau de la pluie, quand elle est nouvelle, est assez bonne à boire, surtout coupée avec une liqueur acide ; mais son séjour dans des caisses en fer ou dans des tonneaux en bois la rend bientôt impotable, à cause des nombreux animalcules auxquels elle donne naissance. Ce qui est préférable à toutes les eaux, c'est l'eau minérale de France, celle de Contrexéville, par exemple, qui se conserve longtemps en bouteille. L'eau d'Oreza se conserve également, toutefois moins longtemps ; elle a l'avantage sur la première de prévenir les maladies du foie et de la rate, qui font suite aux fièvres africaines.

Comme préventif, rien ne vaut un verre de vin de quinquina pris le matin à jeun.

Une sobriété excessive ne vaut pas mieux que les excès de boissons ; il faut un juste milieu, et manger le plus souvent qu'on le peut de la viande saignante. Voici un régime qui m'a toujours été favorable :

Un verre de vin de quinquina en me levant le matin, à six heures. Après ma toilette, à six heures et demie, une tasse de café ou de thé avec quelques petits biscuits Palmers. A neuf heures, un demi-verre de vin de Malvoisie ou de Madère ; à onze heures, déjeuner, et café après ; à cinq heures, un léger apéritif, tel que bitter hygiénique ou autre boisson tonique ; et à six heures, dîner, et une tasse de thé après. Peu de cognac, sinon quelques gouttes dans le thé ou dans le café.

Si on éprouve le besoin de boire entre les repas, ce qui est assez naturel, étant donné la grande chaleur, un mélange de bière allemande (Pale-Ale de Hambourg) et de bière de gingembre (Ginger-Ale) est excellent ; si on ne peut disposer de ces boissons, il faut boire du thé froid, du café étendu d'eau, ou du vin sucré et de l'eau dans lequel on presse la moitié d'un citron. A table, il faut boire le moins d'eau possible, si ce n'est de l'eau minérale.

Si l'on se trouve aux prises avec la fièvre, dès que l'accès est un peu calmé, il est nécessaire de prendre une dose de sulfate de quinine de la valeur de 50 centigrammes ; et quelques heures plus tard, toujours quand l'accès diminue d'intensité, une seconde dose de même valeur.

A moins d'accès persistants, n'en prendre jamais plus d'un gramme dans une journée, et ne faire usage de ce médicament qu'avec la plus grande parcimonie.

Voici en quels termes s'exprime le docteur Daikée sur les fièvres paludéennes :

« Jusqu'à une époque très récente, les fièvres africaines ont été un motif de terreur, et on les a toujours traitées d'une manière empirique. Aujourd'hui, les doctrines qui existent sur cette maladie sont parfaitement d'accord avec la science et la raison. Il suffit de dire que les fièvres africaines n'ont rien de spécifique ; qu'elles ne sont pas une fièvre *sui generis* ; elles sont seulement une forme grave de la maladie générale connue sous le nom vulgaire de migraine.

« . . . .

« Dans sa forme la plus bénigne, la fièvre est intermittente, c'est-à-dire que, *d'un paroxysme à l'autre*, il y a un intervalle de bonne santé ; si elle est plus grave, la maladie prend un caractère rémittent ; ou bien, entre les accès fiévreux, il existe seulement une rémittence de symptômes qui ne disparaissent pas entièrement. Dans sa plus grande intensité, la fièvre est presque continuelle, et ceux qui n'ont pas l'expérience de cette maladie pourraient croire qu'il y a une absence complète du paroxysme qui doit amener une solution fatale. Mais, dans ces cas d'empoisonnement, la cause première est la même dans l'essence, et les résultats dépendent en partie de la quantité et de la virulence du poison absorbé. Deux personnes qui prendraient une même quantité de poison, ou qui boiraient la même quantité d'alcool, s'empoisonneraient, mais dans une proportion très différente. La maladie est de celles que les médecins appellent périodiques, et les remèdes précis sont antipériodiques. Parmi ces derniers, la quinine est reconnue comme le plus efficace. Elle peut s'administrer aussitôt que les symptômes de la maladie se présentent ; mais, pendant sa marche progressive, il peut surgir des symptômes qui réclameraient un traitement spécial.

« La grande découverte scientifique de l'époque consiste à avoir trouvé que la quinine était non seulement un remède, mais encore un préventif ; et c'est ainsi que beaucoup de personnes, qui font un usage prudent de cette précieuse drogue, vivent en parfaite santé au milieu des marais et des terrains les plus insalubres. Le meilleur mode d'emploi, comme préventif, est le *vin de quinquina*, dont on doit prendre un demi-verre le matin, de très bonne heure, et, s'il est nécessaire, un demi-verre après le dîner. . . .

« Les autres moyens d'éviter la maladie sont à la portée de toute personne de bon sens. Éviter de dormir au grand air ; de s'exposer inconsidérément aux rayons du soleil, ou à la rosée pendant la nuit ; de rester trop longtemps dans des parages notoirement insalubres, etc., etc. Pour les Européens, prendre toujours une nourriture saine, et faire souvent des ablutions corporelles. »

J'ai indiqué le genre de vêtement qu'il faut adopter et le régime qu'il y a lieu de suivre dans les pays chauds et malsains, il me reste à indiquer la quantité d'effets qu'il faut emporter avec soi pour un temps déterminé, pour deux années par exemple.

Comme les voyageurs doivent être classés en deux catégories : les explorateurs et les négociants, les premiers usant plus que les seconds, il faut nécessairement que leurs provisions de certains articles soient mieux assorties; ainsi, comme chaussures, il leur faudra en plus quelques paires de bottes ou de guêtres, un ou deux casques de rechange, des armes et des instruments de mathématiques inutiles aux négociants. Pour l'explorateur, il faut des porteurs pour le transport de ses bagages et des marchandises avec lesquelles il paiera ses serviteurs et leur nourriture, par conséquent il lui faut des petites caisses fermant bien pour prévenir toute soustraction de la part de ses gens; dans ces caisses on enfermera les étoffes, les munitions, les cadeaux destinés aux chefs, et les menus objets. Il ne faut pas que le poids que chaque homme porte dépasse 25 à 30 kilos.

Il est parfaitement inutile de s'encombrer, pour se rendre à la côte, de marchandises de toute sorte; l'explorateur ne doit avoir que ses propres bagages personnels qui doivent être le plus réduits possible.

Voici ce qui me paraît indispensable :

1° Une carabine à longue portée ;

2° Un fusil de chasse ;

3° Un revolver ;

4° Un couteau de chasse ;

5° Une ceinture à cartouches ;

6° Une provision de munitions composée de poudre fine, plomb de chasse calibre 3, 4 et 7; moules à balles, amorces et accessoires d'armes.

Comme vêtements :

12 chemises de flanelle ;

12 chemises en calicot ;

24 gilets de flanelle ;

12 caleçons de flanelle ;

4 douzaines de paires de chaussettes ;

4 paires de bottes ;

2 paires de bottines ;

2 paires de pantoufles ;

12 pantalons en cretonne, à gaîne ;

4 pantalons en toile forte ;

4 paletots légers ;

3 casques insolaires ;

Une lorgnette de campagne ;

Une ceinture de flanelle ;

Un costume complet en drap léger.

Les fumeurs doivent avoir soin de se munir d'une provision suffisante de papier à cigarette, de pipes ou de cigares, suivant leur goûts; on trouve bien du tabac dans les factoreries, mais en feuilles seulement.

Quant aux marchandises que tout explorateur doit avoir, il est préférable sous tous les rapports de se les procurer dans une factorerie au fur et à mesure que les besoins se font sentir; par ce moyen on évite l'embarras d'un entrepôt, et si on vient à perdre tout ou une partie de ses bagages au cours d'une excursion, on sait où aller s'approvisionner à nouveau. On a également l'avantage immense de n'être pas encombré de marchandises dont les noirs ne voudraient pas, et on n'achète que juste ce qu'il faut.

Avant le départ d'Europe, il faut avoir soin de se faire ouvrir un crédit par les directeurs des maisons; ceux-ci donnent des ordres en conséquence à leurs directeurs de factoreries et tout va pour le mieux. Il n'est pas un chef de maison qui ne se fasse un plaisir d'être utile aux explorateurs en semblables circonstances et les objets ainsi vendus ne sont guère plus chers qu'en fabrique. Une augmentation de 10 à 15 0/0 sur le prix de facture couvre les frais de transport et il est rationnel que puisque l'explorateur sert d'auxiliaire gratuit au négociant, en créant à ce dernier de nouveaux débouchés, il est de toute justice qu'il le facilite dans sa tâche.

Pour le voyageur qui va à la côte pour occuper un emploi dans un comptoir, point n'est besoin de tant de précautions; des vêtements et des chaussures légers suffisent. Un fusil de chasse, s'il aime cet exercice, et un revolver de poche doivent constituer tout son arsenal. Toutefois je recommande d'emporter des munitions en quantité suffisante, du tabac à fumer ou des cigares expressément fabriqués par la régie pour l'exportation, par conséquent moins chers que dans les bureaux de tabac.

Munis de ces renseignements, mes compatriotes peuvent, en s'y conformant, aller porter leur pierre à l'édification de la civilisation africaine; aller disputer aux Anglais et aux Allemands les immenses richesses dont l'Afrique abonde. Créer des voies nouvelles, initier les indigènes au commerce en leur faisant connaître une bonne partie des richesses ignorées de leur pays, voilà ce qu'il faut faire avant toute autre chose. Plus tard, au fur et à mesure que le courant d'émigration deviendra plus compact, des routes seront construites, les villes se créeront peu à peu, et l'agriculture, base immuable de toute civilisation, animera tout cet immense continent, et dans mille ans, quand notre vieille Europe sera devenue depuis longtemps trop petite pour contenir tous ses enfants, nos descendants se demanderont ce que pouvaient bien être ces terribles fièvres paludéennes qui ont, de nos jours, déjà fait tant de victimes.

L'île de Fernando-Po sera sans contredit un des points les plus recherchés; le gouvernement espagnol, si riche en colonies aux siècles passés, a traversé une période d'apathie de laquelle il semble se relever. France et Espagne, deux nations sœurs, doivent se tendre la main par delà des mers comme elles le font par-delà des Pyrénées.

TABLE DES MATIÈRES

Bar-le-Duc — Typ. Schorderet et Cᵉ — 1470

CHALLAMEL aîné, Éditeur, 5, rue Jacob, PARIS

Le Maroc moderne, par JULES ERCKMANN, capitaine d'artillerie, ancien chef de la mission militaire française au Maroc. — In-8°, avec une carte du Maroc occidental, quatre plans en couleur et six gravures... **7 fr.**

Recherches géographiques sur le Maroc, par M. RENOU, membre de la commission scientifique; suivies d'itinéraires et de renseignements sur le pays de Sous et autres parties méridionales du Maroc, recueillies par Adrien Berbrugger. — 1 vol. gr. In-8°, avec une carte du Maroc sur papier de Chine grand aigle................ **12 fr.**

Le Maroc, *notes d'un voyageur* (1858-1859), par M. l'abbé GODARD. — In-8°. **2 fr. 50**

Les Français dans le désert, journal historique, militaire et descriptif d'une expédition aux limites du Sahara Algérien, par le colonel TRUMELET. — 1 beau vol. in-8°, 2ᵉ édition, revue et augmentée, ornée de cartes et plans........................ **7 fr. 50**

Situation politique de l'Algérie, par F. GOURGEOT, ex-interprète principal de l'armée d'Afrique. Le Sud, Boutmama, les Oulad Sidi Cheikh, Figuig, le Tell, les colons, les grands chefs, les Fellahs, les Krammes, Tyout, création d'un Makhezen, pouvoirs politiques, pouvoirs administratifs. — 1 vol in-8°.............................. **5 fr.**

Les régiments de dromadaires (*Sahara et Soudan*), par H. WOLFF, capitaine, chef du bureau arabe de Biskra, et A. BLACHÈRE, sous-lieut. aux chasseurs d'Afrique. — In-8°, avec grande carte du Sahara et du bassin moyen du Niger.................. **4 fr.**

Les régiments de dromadaires. Réponse à certaines critiques, par les mêmes. — Br. in-8°.. **1 fr. 25**

De Mogador à Biskra, Maroc et Algérie, par JULES LECLERCQ. — 1 vol. in-8°, avec une carte... **3 fr. 50**

L'Algérie et les questions algériennes, étude historique, statistique et économique, par ERNEST MERCIER. — 1 vol. in-8°............................ **5 fr.**

Pérégrinations en Algérie (1830-1840), histoire, ethnographie, anecdotes, par le docteur BONNAFONT, médecin principal des armées, en retraite. — 1 vol. in-8°. **3 fr. 50**

Les Touareg du Nord (*Exploration du Sahara*). — 1 beau vol. in-8°, avec 21 planches et une grande carte. Paris, 1864.................................... **25 fr.**

Collection de livres pour l'étude de la langue arabe.

Bar-le-Duc. — Typ. Schorderet et Cⁱᵉ — 1470